MINECRAFT 我的世界

建筑教程大全

MaxKim 马卡卡 豹先生 编著

電子工業出版社
Publishing House of Electronics Industry
北京•BEIJING

内容简介

本书着重于Minecraft（我的世界）这款计算机游戏的建筑向玩法，针对生存以及各种风格向的建筑做出详细介绍及教学。使新手玩家更容易适应这款游戏的建筑玩法，让老玩家有能力建造出更出色的建筑作品。本书为国内Minecraft建筑圈各类风格建筑领域的顶尖玩家编写，为读者带来从入门到精通的详尽建筑教学。

图书在版编目（CIP）数据

Minecraft我的世界. 建筑教程大全 / MaxKim，马卡卡，豹先生编著. 一北京：电子工业出版社，2017.5
ISBN 978-7-121-31162-8

Ⅰ. ①M… Ⅱ. ①M… ②马… ③豹… Ⅲ. ①电子游戏 Ⅳ. ①G899

中国版本图书馆CIP数据核字(2017)第060461号

策划编辑：官　杨
责任编辑：徐津平
印　　刷：北京虎彩文化传播有限公司
装　　订：北京虎彩文化传播有限公司
出版发行：电子工业出版社
　　　　　北京市海淀区万寿路 173 信箱　邮编：100036
开　　本：787×980　1/16　印张：14.5　字数：348 千字
版　　次：2017 年 5 月第 1 版
印　　次：2025 年 1 月第 22 次印刷
定　　价：59.80 元

凡所购买电子工业出版社图书有缺损问题，请向购买书店调换。若书店售缺，请与本社发行部联系，联系及邮购电话：（010）88254888，88258888。

质量投诉请发邮件至 zlts@phei.com.cn，盗版侵权举报请发邮件至 dbqq@phei.com.cn。

本书咨询联系方式：010-51260888-819，faq@phei.com.cn。

你玩的不仅仅是一个游戏，

它是一个世界，

你的世界。

——MaxKim

愿所有《我的世界》玩家，

能放飞想象力，

在方块世界中实现建筑梦想。

——马卡卡

在学习本书的同时，

请记住不断的练习和观赏好的作品也同样重要，

耐心和创意是创作好作品的必备要素。

——豹先生

目录

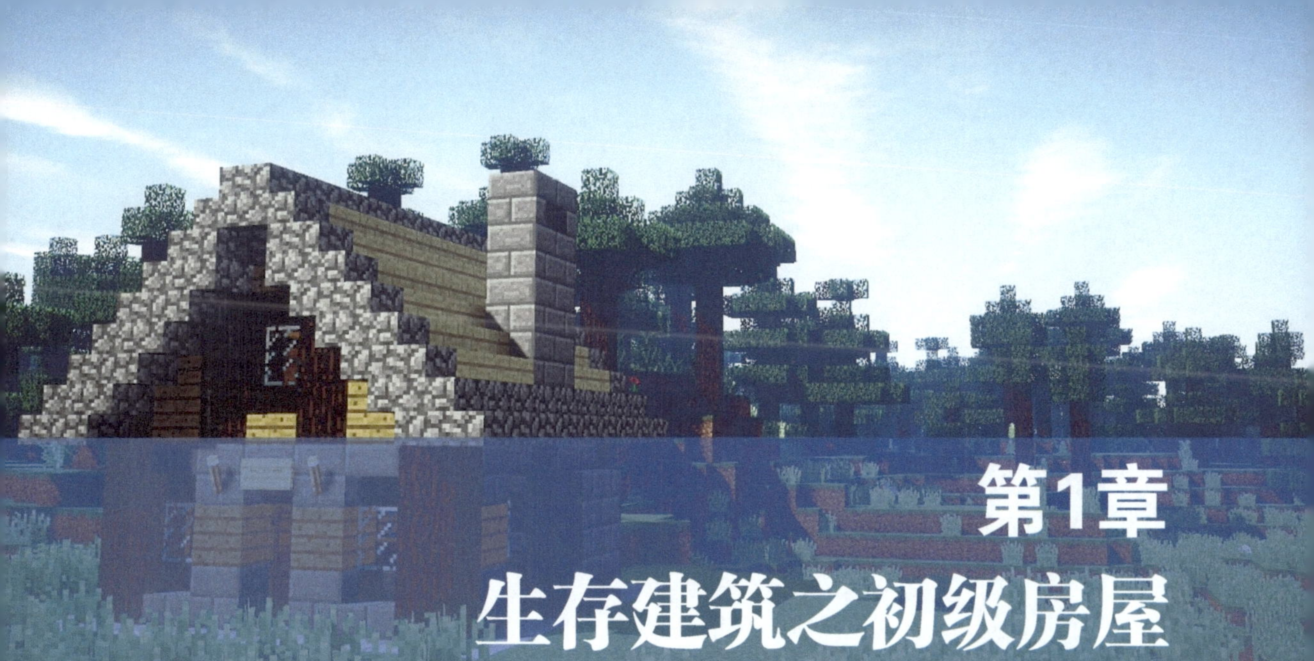

第1章 生存建筑之初级房屋

新手玩家对生存建筑最初、最原始的需求就是——远离敌对生物的威胁。所以一般在了解了怪物们的移动特性及限制后，我们就可以轻松建造出一个可以抵御怪物的房子。

1.1 基础生物

首先我们需要了解一下在 Minecraft 里面有哪些生物对我们有威胁，它们的特性又是如何的。

（1）僵尸：2 格高、1 格宽、攀爬高度 1 格，会被玩家或村民吸引并攻击，白天在太阳直射下不躲起来会着火致死，困难难度下会破坏木门攻击室内的村民或者玩家（见图 1-1）。

图 1-1

（2）小僵尸：1 格高、1 格宽，移动速度较快，由于身高原因可以通过 1 格高的空间，并且在太阳直射下不会着火。有机会骑着鸡出现，较为危险，其他特征和普通僵尸一样（见图 1-2）。

图 1-2

（3）骷髅:2 格高、1 格宽、攀爬高度 1 格，会被玩家吸引，在离玩家一定距离的地方射击玩家，白天太阳直射下会烧伤致死（见图 1-3）。

图 1-3

（4）爬行者：2 格高、1 格宽、攀爬高度 1 格，会被玩家吸引，没有脚步声，靠近后会发出嘶嘶的声音并自爆，自爆会对周围方块造成破坏，被太阳直射不会着火（见图 1-4）。

图 1-4

（5）蜘蛛：1 格高、1.5 格宽，可以在平滑墙面上一直向上攀爬，除非有障碍物挡住，白天中立，晚上攻击玩家（见图 1-5）。

图 1-5

（6）末影人：3 格高、1 格宽、攀爬高度 1 格、可瞬移，正常情况下中立，玩家与其头部对视会激怒它使其攻击玩家，用远程武器攻击它会在射到前瞬移走。碰到水会受伤并瞬移，白天会回避战斗，并且被太阳直射不会着火，偶尔它会在它附近拿走一些较软的方块，比如泥土和草方块，建议不要使用这类方块做建筑（见图 1-6）。

图 1-6

除以上介绍的怪物较为常见外，还有废弃矿洞里的洞穴蜘蛛、遗迹里的蠹虫、较小概率生成的女巫，以及地狱里的各类怪物（见图 1–7）。

图 1-7

因为在本章着重讲新手玩家向的基础房子，故不讨论其他世界生物以及一些特殊敌对生物。

1.2 火柴盒的诞生

在了解了这些特性之后，想要造出一个最简单的房子就很简单了。既能防止怪物接近，又能躲过骷髅的射击、蜘蛛的攀爬，只要往地下挖三格，进去堵住头顶即可（见图 1–8）。

图 1-8

当然，这样的话整个晚上 10 分钟的时间我们就只能一动不动了。所以，大部分玩家的选择是造一个围住四面、封住顶部的火柴盒（见图 1–9）。

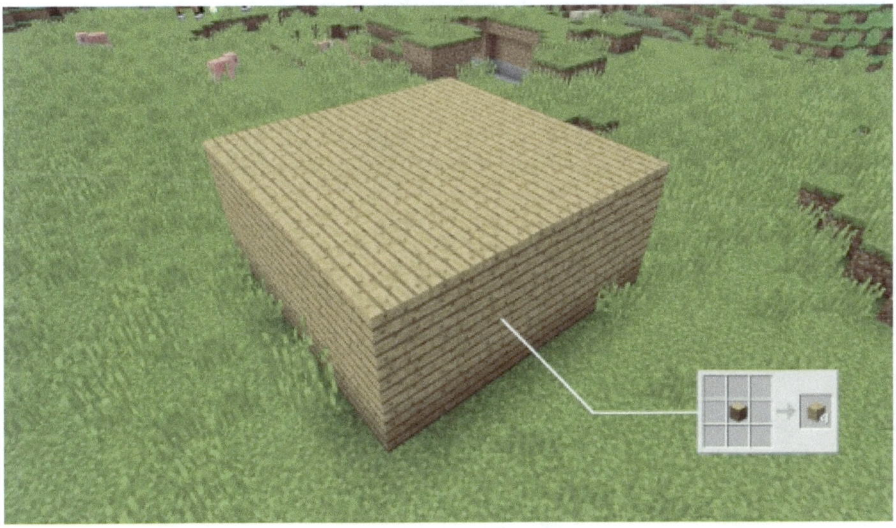

图 1-9

空间的大小可以根据材料数量和时间决定，建好后我们就有了一个相对安全的室内空间做一些不需要移动的工作，比如合成更多工具和材料、烧制更多的木炭和矿物、整理自己的储物。然后我们可以在适合的地方造一扇门（见图 1-10）。

图 1-10

这样出入就会变得方便，而且门可以挡住其他生物进入房间，不过木门挡不住困难难度下的僵尸。接下来可以在墙上做一扇窗户（见图 1-11）。

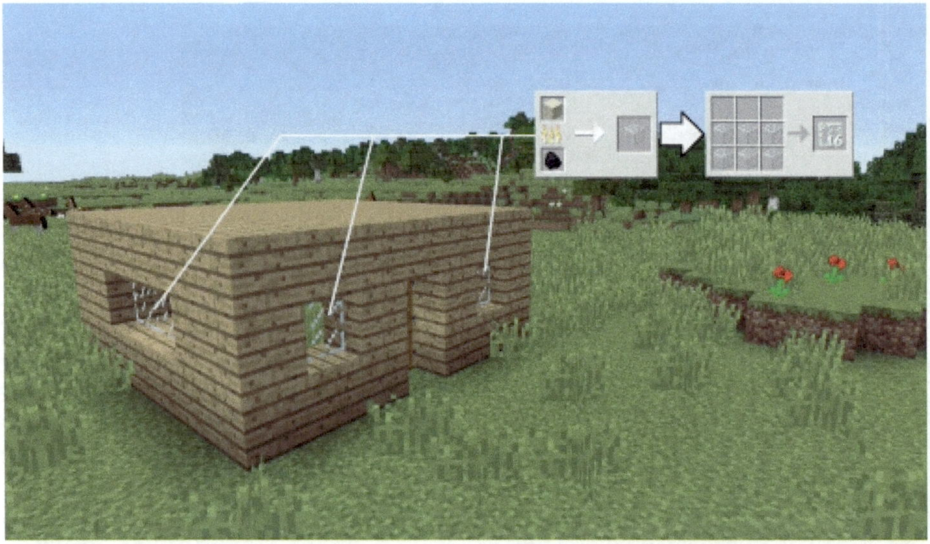

图 1-11

如果没有窗户，在屋内出行的时候，开门的瞬间很有可能转角遇到“爱”，被一只可爱的爬行者袭击。

有了窗户后便可以方便地了解外部的情况。除玻璃之外，窗户也可以用木栅栏代替。最后把脚下的草地换成地板（见图 1-12)。

图 1-12

地板可以用方便获得的原石或木板制作。如果追求美观，可以尝试更进阶的材质及图案。有了地板，你在这个火柴盒里面便拥有了在房子里的感觉，而不是一个围住四周的大盒子。在屋内摆放工作台、箱子、熔炉、床，再插一下火把（见图 1-13)，你便可以在里面进行你的日常工作了。

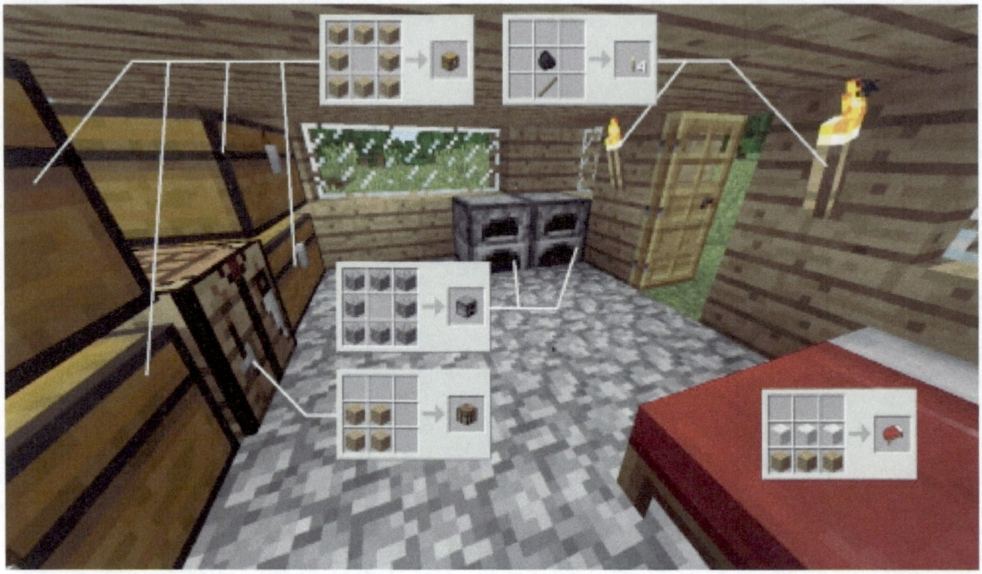

图 1-13

刚接触 Minecraft 的你，只要经过以上几个步骤便可以拥有一个普通的住所。当然，在看这本书的你肯定不会满足于此，我们要建造的是既美观又实用的房子。而这个建筑物是不需要重新开始的，完全可以在我们的“火柴盒”的基础上进行添砖加瓦，拆拆改改就能实现。

1.3 建筑材料

首先，在建造出满意的房子之前，我们需要了解一下这款游戏里有哪些方块适合建造，以及如何获得。

（1）石头家族

a) 圆石墙、苔石、苔石墙

b) 錾制石砖、裂石砖、苔石砖

（2）木头家族

a) 木楼梯、木台阶、木栅栏

b) 木门、栅栏门

c) 书架

（3）沙子拓展

a) 平滑沙石、錾制沙石、沙石楼梯、沙石台阶

b) 平滑红沙石、錾制红沙石、红沙石楼梯、红沙石台阶

c) 彩色玻璃块和玻璃板

（4）羊毛

a) 彩色羊毛、地毯

（5）粘土

a) 粘土块、硬化粘土块

b) 红砖、红砖楼梯、红砖台阶

c) 彩色硬化粘土

（6）地狱相关

a) 岩浆块

b) 竖纹石英块、錾制石英块

（7）末地相关

a) 末地石砖

b) 紫珀块、竖纹紫珀块、紫珀楼梯、紫珀台阶

c) 末地烛

（8）海底相关

a) 海晶石、海晶石砖、暗海晶石

b) 海晶灯

（9）红石相关

a) 红石灯

b) 活板门、铁活板门、铁门

（10）其他方块

a) 雪块、冰块、浮冰

b) 干草块、地狱疣块、骨块、南瓜头、南瓜灯、西瓜块、粘液块

1.4 材料的搭配

一栋顺眼的房子最直观的要素就是材料的搭配，而且在生存模式下建造房子需要事先收集足够所需的材料，所以选择材料成为开始建造房屋的第一个步骤。

一般情况下选材时需要注意以下两点。

（1）获得难易度——不选择自己不能轻易获得的材料，否则工程就会以“材料不够”为由停工。

（2）颜色搭配——冷色配冷色、暖色配暖色、颜色不超过 3 种、适当凸显颜色对比。

以下是本书推荐的一些常见材料搭配，从前期到后期。

- 圆石 / 石砖、云杉 / 深色橡木原木、各类木板
- 石头、石砖、石台阶
- 彩色羊毛、圆石 / 石砖
- 雪块、云杉木 / 深色橡木
- 沙石、羊毛、橡木木板
- 沙石、红砖
- 地狱砖、圆石 / 石砖 / 石台阶
- 彩色粘土、彩色羊毛
- 石英块、彩色粘土

1.5 基础的建筑技巧

如果你刚接触游戏不久，那么以下建筑技巧会对你有所帮助。

（1）按住 Shift 键在方块边缘移动时会使人物卡住不会掉下去，在高空作业时帮助很大。

（2）对着某个方块按下选取方块键（默认为鼠标中键）可以迅速在手中拿到那个方块，在生存模式下则是背包里有那个方块才会迅速转移到手中。

（3）放置任何楼梯或者台阶时鼠标指针指着方块上半部就能放置倒置的楼梯或者台阶，下半部则是普通方向。

（4）各类原木、干草块、竖条纹石英块、竖条纹紫珀块都会根据放置时鼠标指着的方块改变方向，好好利用可以做出各种纹路。

（5）门、木牌、活板门侧面都可以放置画，可以利用这个特性实现暗门。

1.6 改造火柴盒

上面也说过，做一栋称得上建筑的房子并不是很复杂的事情，其实在原来的火柴盒上做一些修改，添加一些东西就可以了。我们直接用前面一起做过的火柴盒进行改造吧，因为是新手向，结构就不进行修改了。

首先，把四个角改成云杉原木的柱子，高度为 4 格（见图 1-14)。

图 1-14

再把第一层的木板换成石砖材质，玻璃的下方换成石砖楼梯（见图 1-15)。

图 1-15

然后，把第三层玻璃上方的木板换成倒置的楼梯，四面都一样（见图 1-16)。

图 1-16

接下来，开始制作屋顶的框架，先在凸出来的原木柱侧边放置圆石楼梯，要往前后突出一格（见图 1-17)。

图 1-17

再把楼梯向中间往上堆，记得要在楼梯下方也放置倒置的楼梯。这样屋顶的框架就可以显得更厚实、自然（见图 1-18)。

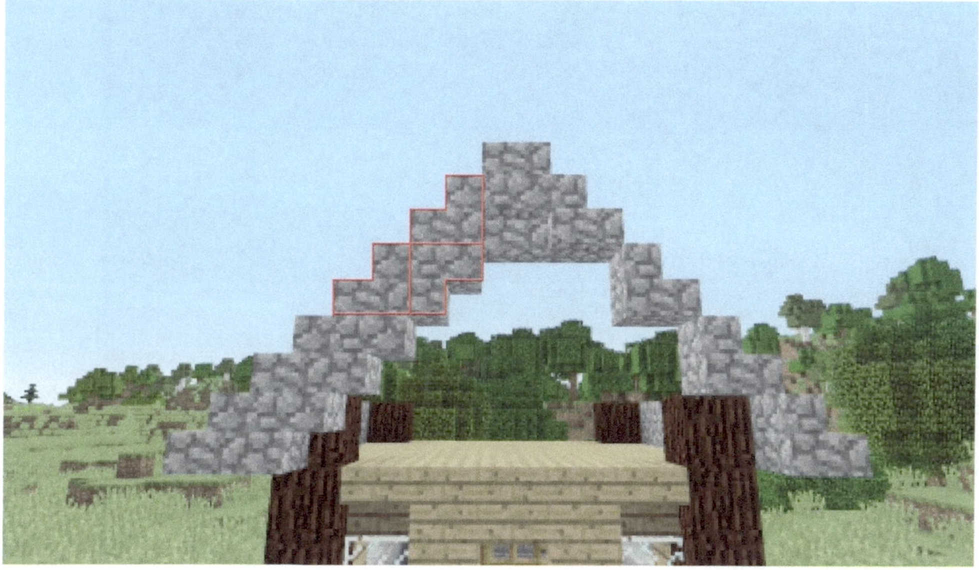

图 1-18

把其余部分的框架完成（见图 1-19)。

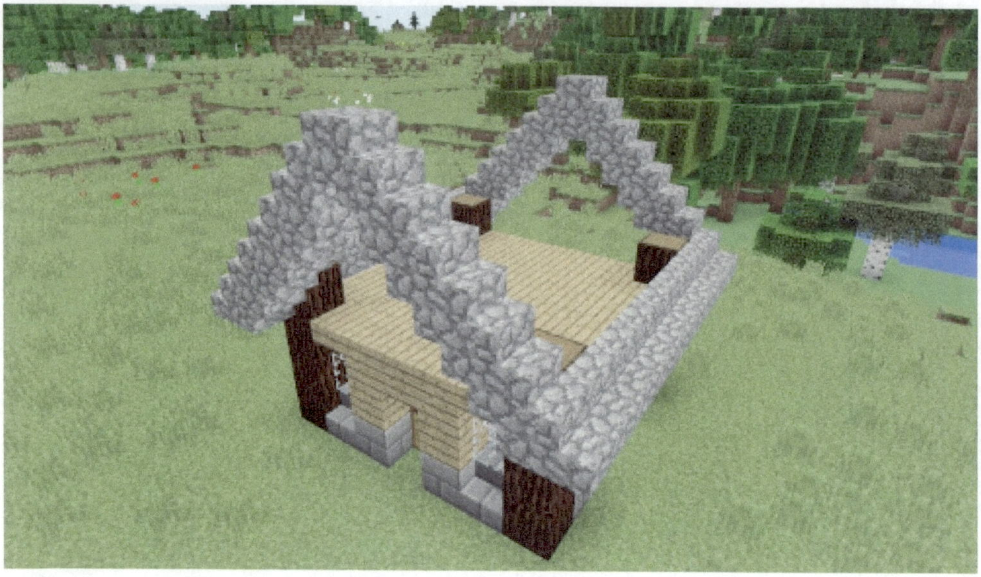

图 1-19

然后把空着的部分用白桦木楼梯填满，中间屋脊部分使用圆石台阶（见图 1-20)。

图 1-20

如果觉得墙壁一个样有点单调，那么可以在一侧放置一个烟囱（见图 1-21)。

图 1-21

回到房屋正面，把二楼的墙壁做出来，材料不要脱离原先的设置（见图 1-22）。

图 1-22

最后在房子下方的地面周围铺一层石台阶，使房子的地基显得更加牢固（见图 1-23）。这样我们的火柴盒改造出来的新手用小屋就完工了！

图 1-23

进入内部，把原先的平屋顶拆掉，改成木板台阶，如此一楼的空间就从 2 格变成了 2.5 格。

不要忘记在其中一个角落弄一个洞，放置梯子用来爬到楼上。如果需要造地下室，可以直接在梯子下方往下挖，拓展出一个地下室（见图 1-24）。

图 1-24

这是一楼的简单内饰例子，因为空间小，一支火把便可满足亮度需求（亮度 7 以下会刷敌对怪）（见图 1-25）。

图 1-25

二楼可以放一张床，用来作为存档点，在旧一些的版本（如 1.7.10）中其余空间可以放箱子，因为放在它上面的楼梯在旧版本中不会阻挡箱子开启。但较新版本（比如 1.10.2）中没办法打开，在新版本中如果使用台阶盖在箱子上面，方块的下半部分也会无法打开，但如果像图 1-25 中那样放在上半部分则可以打开（旧版箱子位置见图 1-26）。

图 1-26

通过这些步骤，你就可以在你的世界里造出一个生存前期不常见的美观型小屋。当然你也可以发挥更多的想象力，根据你的喜好做一些修改与改进，让屋子更具有个性。

随着你的生存一点一点地累积与发展，你会发现你有更多的资源和更多的需求去做一个更大、更实用的建筑。在下一章将为你带来进阶的教学，建造一栋满足中期生存玩家需求的房子。

第2章 生存建筑之进阶房屋

在第 1 章中，我们所造的房子是满足初期生存的最基本需求的简易房屋，主要是只有一个可以躲避怪物、能存储物品、可以日常工作的空间。但随着生存的进行，获得的物品种类与数量都会增加，并且可以进行的功能性操作也会随之增加。除合成与烧制外，我们还可以耕作、畜牧、附魔、酿造等，所以我们可以建造的建筑物也在进一步升级，比方说，我们可以做一些功能性的建筑，以及与周围环境融为一体的环境向的建筑。

2.1 功能性建筑

我们在生存里可以进行的一些活动中，除基础的合成与烧制以外，附魔和酿造是完全可以在室内进行的。所以接下来介绍的生存房屋设计会在里面增加附魔空间和酿造空间并把储物空间扩大，以及增加一些美观性的设计。

在开始设计房屋之前，我们先了解一下附魔与酿造的基础知识。

- 附魔

玩家可以在附魔台用经验给武器装备工具附魔，使其拥有一些属性。附魔台合成见图 2-1。

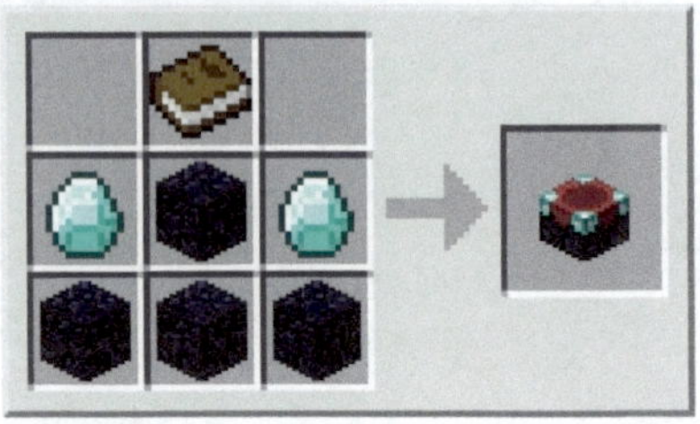

图 2-1

通过在附魔台周围摆放书架可以获得更多更高级的附魔。书架的摆法见图 2-2，所有有玻璃的位置放置书架都可以有效提高附魔等级。

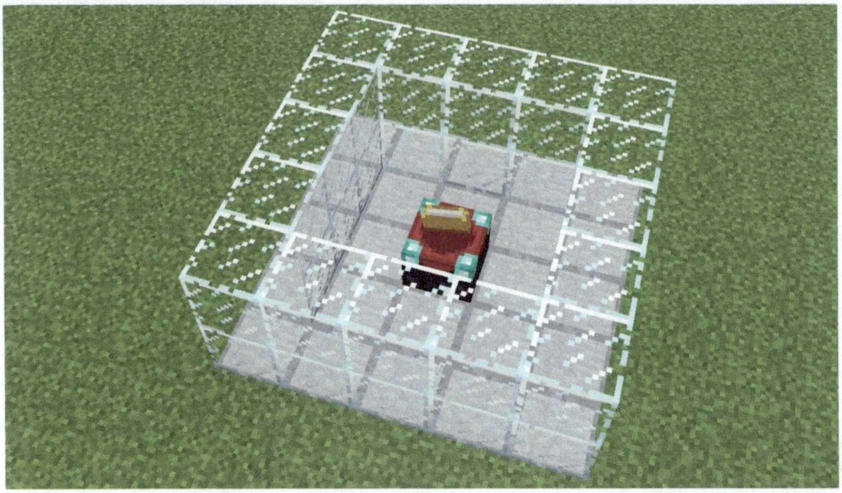

图 2-2

- 酿造

玩家可以在酿造台上使用一些材料酿造出各种不同效果的药剂，酿造台合成见图 2-3。

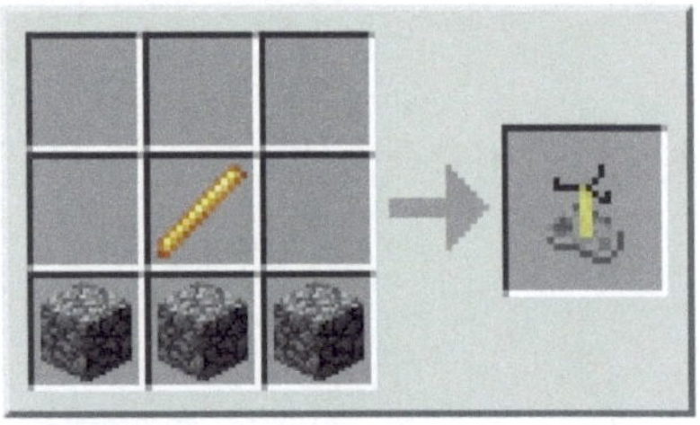

图 2-3

酿造所需的材料有很多见图 2-4。

图 2-4

除此之外，还需要作为耗材的烈焰粉。所以我们需要一个或多个箱子专门放置这些材料。还需要箱子来专门放置已经完成的药剂。因为每个药剂都是无法叠加的，所以药剂箱可能会根据需求多放几个。

一个酿造台可以同时酿造 3 瓶药剂，所以想量产就需要多个酿造台同时工作。酿造需要水瓶，水瓶需要用空瓶对着水单击鼠标右键获得。虽然炼药锅盛水可以用来做水瓶，但一桶水只能做出三个空瓶，而一格的水方块可以无限盛水瓶。所以酿造空间能放置一格水比较划算。

接下来，我们就要学着建造一个拥有附魔区和酿造间的多功能生存别墅了。

（1）利用原木柱子规划自己所要建造的房子的结构。

- 柱子间距 5 格，柱子高度 5 格（见图 2–5）。

图 2-5

- 二楼尽量避免与一楼的面积相同或比一楼的面积更大（见图 2–6)。

图 2-6

提示

统一柱子间格数可有效提升设计效率，可以以同样的风格建造出很多不同形状的房子。

（2）使用恰当的材料做出合适的墙壁。

- 避免整面墙都是一个平面，适当增加凹凸感（见图 2–7)。

图 2-7

- 尽量统一每个柱子之间的设计（见图 2-8）。

图 2-8

- 适当添加窗户，但也要避免窗户过多（见图 2-9）。

图 2-9

- 在合适的墙上设计一道门（见图 2-10）。

图 2-10

- 添加点缀，使墙壁和柱子真正融合为一体（见图 2-11）。

图 2-11

提示

除墙面分为多层以外，可以使用不同大小的方块来实现凹凸的效果（比如楼梯玻璃板）。

（3）分层、规划空间、设计地板。

- 设计地板（见图 2-12）。

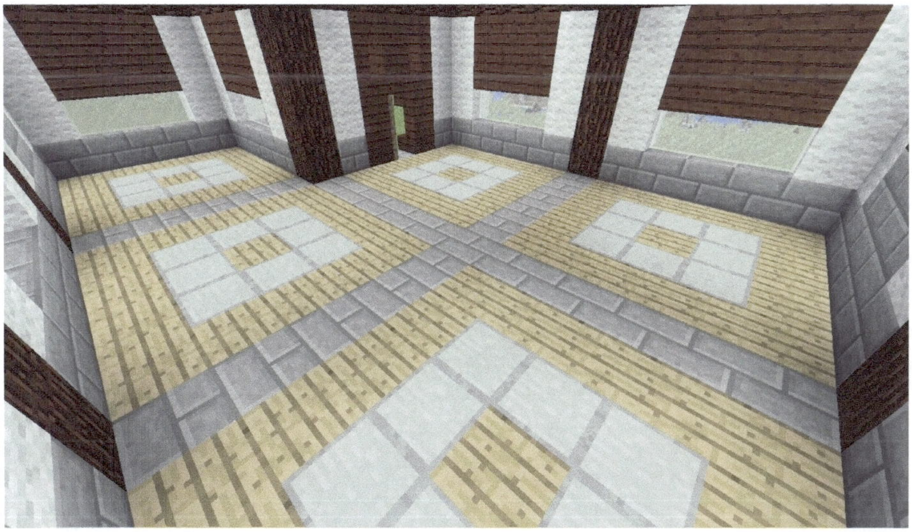

图 2-12

- 适当增加内墙可以使建筑显得更加现实（见图 2-13）。

图 2-13

- 二楼的地板可以使用台阶，这样既可以节省材料，又可以增加楼层高度，一举两得（见图 2-14）。

图 2-14

- 做一个楼梯通往楼上（见图 2-15）。

图 2-15

提示

有能力者可挑战复式结构以及错位结构以增加建筑的亮点。

（4）使用合适的材质造出屋顶。

- 屋顶尽量使用台阶、楼梯等不刷怪方块（见图 2-16）。

图 2-16

- 可以适当增加屋顶装饰的小细节以增添房屋的趣味性（见图 2-17）。

图 2-17

提示

常有雷暴的地区尽量避免使用可燃烧方块（木头、羊毛等）作为屋顶材料。

（5）适当增加房屋外观细节。

- 使用小物品（按钮、木牌、活板门、梯子等）依附在方块上作为装饰（见图 2-18)。

图 2-18

- 做一个阳台（见图 2-19)。

图 2-19

提示

细节不宜过多，否则会使房屋失去原有面貌。

（6）内部装饰以及功能区。

- 仓库与熔炉尽量在同一个地方（见图 2-20）。

图 2-20

- 附魔区（见图 2-21）。

图 2-21

- 酿造区（见图 2-22）。

图 2-22

- 适当增加房屋内部装饰（见图 2-23）。

图 2-23

至此，一个比较完善的进阶版生存别墅就完成了（见图 2-24）。

图 2-24

2.2 环境向建筑

以上房屋可以满足你生存上的需求，但却无法满足你想要脱颖而出的愿望。接下来为大家介绍几个在不同地形环境下一些引人眼球的生存建筑。

（1）树屋

树屋是一个非常有个性却又离我们现实生活很近的一种建筑。但要在 Minecraft 里设计出一个实在的、生存向的树屋还是有点难度。这里就是 MaxKim 设计的超小型生存向的美观树屋（见图 2-25）。

建筑围绕着一个自然生长的丛林树，分成上下两个部分，下面部分为仓库，上面部分为主屋。用一个旋转的楼梯围绕树干盘旋而上，没有浪费树干的任何空间，使整个树与屋浑然一体。

图 2-25

（2）水下别墅

水下别墅在现实生活中是找不到的，所以更需要玩家发挥想象力去设计。与地面上的别墅不同，水下别墅不需要斜面屋顶来疏导雨水，也不能用木材建造。

下面是 MaxKim 设计过的水下别墅（见图 2-26）。在水下需要面对强力的海底暗流，所以把屋子形状设计成露出一半的蛋的形状。另外，没有平面的设计可以有效抵挡海流的冲击。虽然这些设定在 Minecraft 里是不存在的，但以现实为基础的科学的设计能使你的房子显得更加专业与美观。

图 2-26

（3）悬崖别墅

悬崖别墅的重点在于要如何把悬浮在半空中的屋体支撑起来，而且悬崖别墅有个优势就是可以在屋子和山体链接的部分挖洞做出在山体里面的房间。

下面是 MaxKim 设计的悬崖别墅（见图 2-27)。大体的风格与本章的功能性别墅差不多。但是在功能性别墅的基础上增加了一些与山体的链接和支撑，并在屋内增设了一间山洞房间。

图 2-27

（4）地狱别墅

地狱别墅是一个新颖的题材，在现实生活中是不存在的。然而我的世界的地狱里是无法睡觉的，所以建造地狱别墅的着重点在于如何使建筑本身融入周围的环境中。

下图是 MaxKim 设计的地狱别墅（见图 2-28）。就地取材使用了深红色的地狱砖，还用了灰色系的石质材料，以及与地狱相符的红色粘土块。在屋顶上增加恶魔一般的弯角以达到与地狱风格统一。

图 2-28

学完本章后，你就可以建造出一栋既实用又美观的生存别墅。而且可以根据地形以及自己的需求建造出不同形状和结构的别墅，这样就能在同样的教程下建造出有自己个性的独一无二的别墅。

随着生存的进行，你最终会需要一个完整的小镇来建造出生存里会需要的所有东西。除别墅以外，还会有农场、牧场及地标等建筑。在接下来的章节中将为大家介绍一个完整的生存向建筑群的教学。

第3章 生存建筑之建造小镇

经过上一章的内容，你应该拥有独立完成一个完整生存别墅的能力了，甚至可以靠想象力与耐心创造出巨大的多功能豪华大别墅。但一栋建筑终究只能是一个个体建筑，作为生存党肯定是希望地图的更多地方有自己的痕迹，所以接下来就要开始研究发展建筑群甚至是小镇了。

3.1 生存向功能设施

可能你会有这种疑问：生存里哪有那么多东西可以创造，还能形成一个小镇？接下来的部分就要开始对生存里有用的装置、设施、建筑一一介绍。下面介绍的装置可能并不是生存必备，有些到了后期甚至会显得“鸡肋”。但是作为建筑党，我们可以为每一个不起眼的东西建造出有模有样的建筑或设施。让自己的领地变得更加丰富。

1. 农田

食物向来是生存里的必需品，一个方便的农田可以保障玩家稳定的食物来源。Minecraft 的世界里的小麦、胡萝卜、土豆、甜菜根、西瓜、南瓜这些食物或食物原材料都是可以通过种植获得的（1.11 版本为准）。其中前四个的生长条件一模一样，可以全部种在同样的农田里。玩家们为了更方便地耕作，发明出了一个又一个有个性的农田。在这里为大家介绍几种常用的农田设计。

- 空间利用最大化版（见图 3-1）。

优点：建造省时省力，可拼凑若干建造任意形状，空间利用率最高（一格水可以为其为中心的 9×9 范围提供水分）。

缺点：收割费力，美观不足。

总结：适合生存前期过渡用。

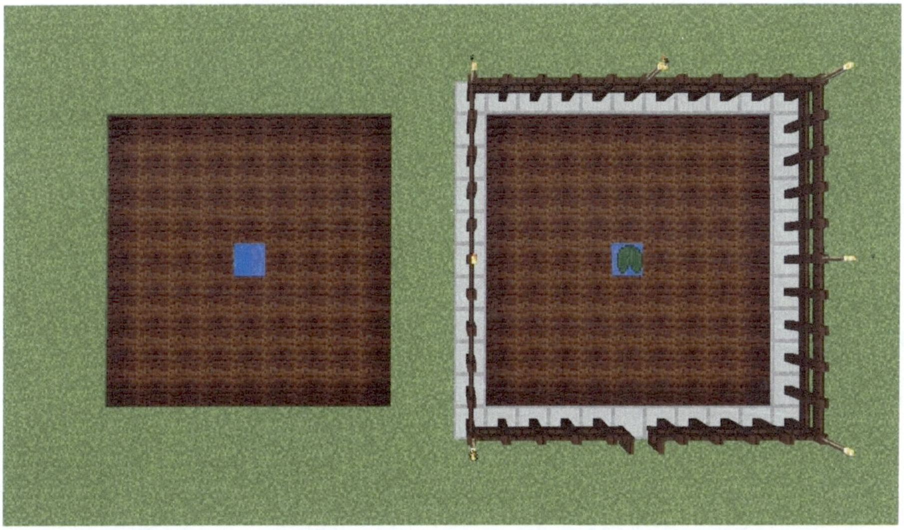

图 3-1，右侧为美化版

- 美观至上版（见图 3-2）。

优点：好看，可随意决定形状。

缺点：建造费时费力，收割麻烦。

总结：适合美观至上主义玩家或后期不需要小麦时纯当装饰品。

图 3-2

- 半自动水流收割版（见图 3-3）。

优点：收割方便快捷，造型美观帅气，可延伸扩张。

缺点：建造中度烦琐，种植手动。

总结：适合大部分生存玩家。

图 3-3

- 全自动村民农田大厦（见图 3-4）

优点：全自动，可挂机，产量高，自动合成面包，美观霸气。

缺点：造价高，费时间，需要有足够多的村民并了解村民耕作机制。

总结：适合懒人党以及在生存后期建造。

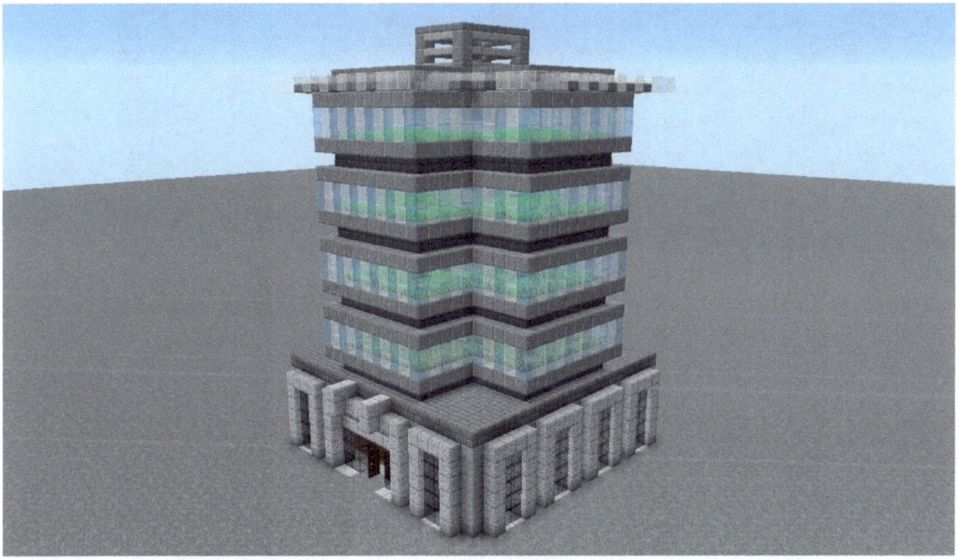

图 3-4

2. 牧场

在 Minecraft 里可放牧的家畜有牛、羊、猪三种，这三种动物都可在击杀后获得其肉，以供玩家食用。除此之外牛还可以掉落牛皮，可用于制作皮制装备以及书。羊掉落的羊毛可用于建筑以及合成各种旗帜与地毯等。猪则是可以在其身上放置鞍来骑行。

一般大部分玩家都会用栅栏把动物围住（见图 3-5），顶多就是分一下类（见图 3-6），分成猪圈、牛圈、羊圈。但作为建筑党，我们还可以给这些东西增加一些内容与装饰，让他们看起来更好看些。

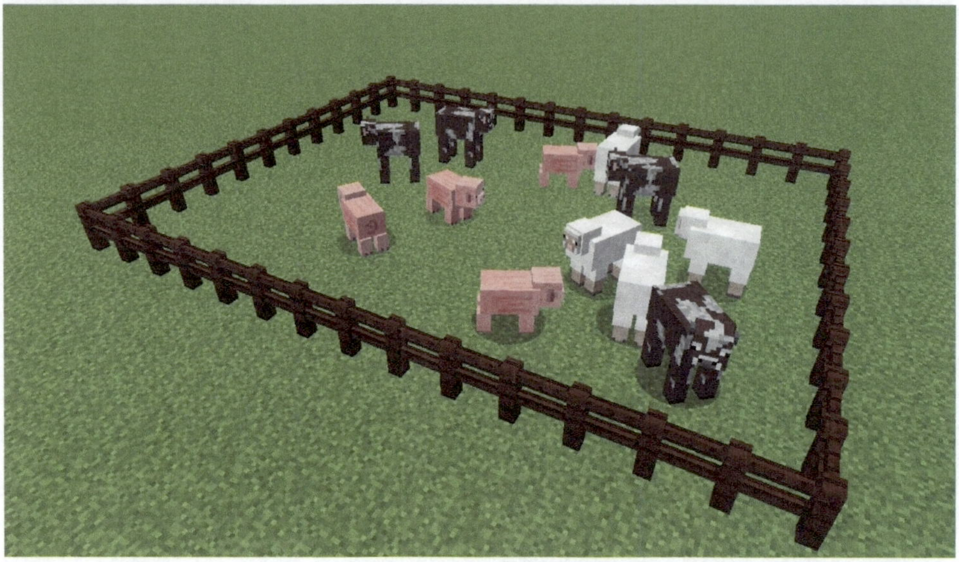

图 3-5

图 3-6

- 彩色羊圈（见图 3-7）。

特点：使用一个染料给羊染色以后就可以永久产出对应颜色的羊毛。通过给每一种颜色的羊都做出一个小羊圈可以有效分类颜色，当需要的时候可以只去剪相应颜色的羊毛。而且彩色的羊圈可以有很多种设计方式：双排式、旋转式、全包围式等，可以使其在一群建筑中脱颖而出。

图 3-7

- 牛棚和猪棚（见图 3-8）。

特点：可以用建造别墅时的套路建造牛棚和猪棚。将室内的大空间分成两个动物的棚即可。不仅外观上美观，还可以与小镇中其他建筑统一风格形成整体效果。但在实用性上与普通栅栏的牛圈、猪圈没有区别。

图 3-8

- 半自动牛肉机（见图 3–9）。

特点：实际装置很小，比较节省空间，容易设计外观。实用方便，省却了一刀一刀屠牛的过程，而且得到的牛肉是已经烧好的，但无法欣赏到一群牛在草地上惬意吃草的场景。

图 3-9

- 半自动猪肉机（见图 3–10）。

特点：同牛肉机一样，装置很节省空间。省却了屠猪步骤，方便收集猪肉，也是会直接得到烤猪肉。但同样没办法看到一群猪在猪圈里肆意打滚的景象。

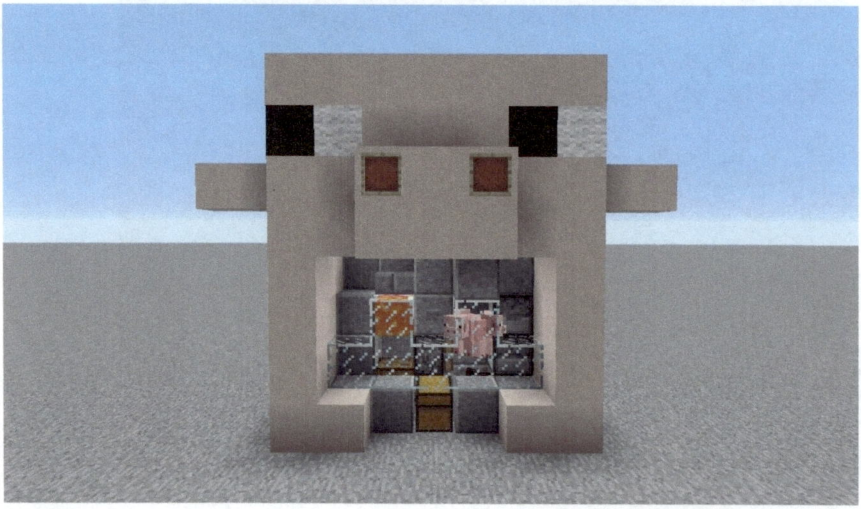

图 3-10

3. 马厩

自从 Minecraft 1.6.1 版本加入了马以来，马便成为玩家们不可多得的交通工具。因为每匹马的个体值都不一样，所以找到一匹各项能力都出色的马就成为玩家们的一个追求。如此一来，一个既可以测试马的能力，又能饲养它们的马厩就成为一个必不可少的设施了。

MaxKim 设计的实用美观的马厩（见图 3-11），里面有停放马匹的空间（见图 3-12），还有给马测速的测速机，以及可以在马场里放跳栏测试马的跳跃能力。

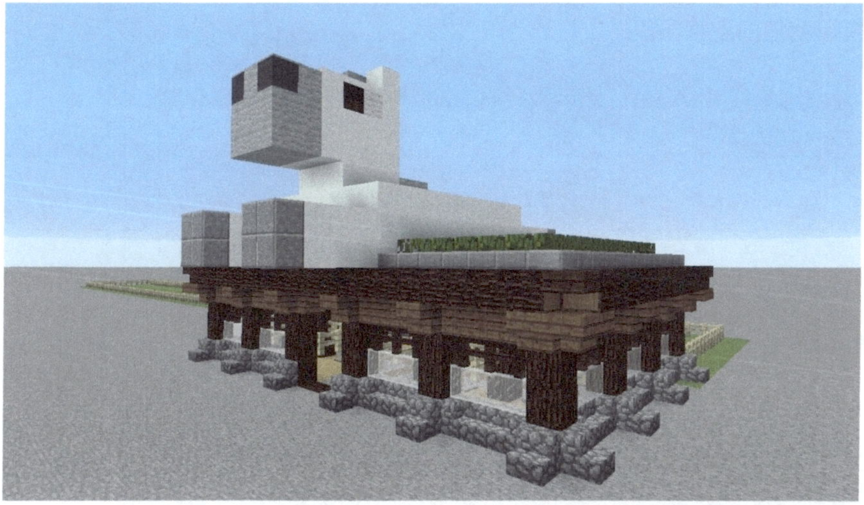

图 3-11

图 3-12

4. 瞭望塔

无论是生存初期还是后期，家园附近的一个高耸的地标是不可或缺的。不管你是不是习惯看坐标来判断方位，但在家附近有一个抬头就能看得到的东西是可以节省很多时间与路程的。初期我们可能会用任意方块堆到天际当做标记，但到了后期我们就可以追求一下美观——建造一座灯塔以充当这个角色。

MaxKim 设计的灯塔（见图 3-13），其外观上的意义大于实用性，但也并非只是一个装饰品，如果有材料与时间的话，还可以做得更高一些，可以让我们从更远的地方发现它。顶上的灯亮起时可以在黑夜中指引我们回到家园。

图 3-13

5. 喷泉

当你在规划你的小镇的时候可以在中心的位置做一个广场，广场中央再放一个漂亮的喷泉。这个喷泉便是纯粹的装饰品，图 3-14 为 MaxKim 设计的多水流喷泉，大小适中，对生存玩家来说也不难建造。

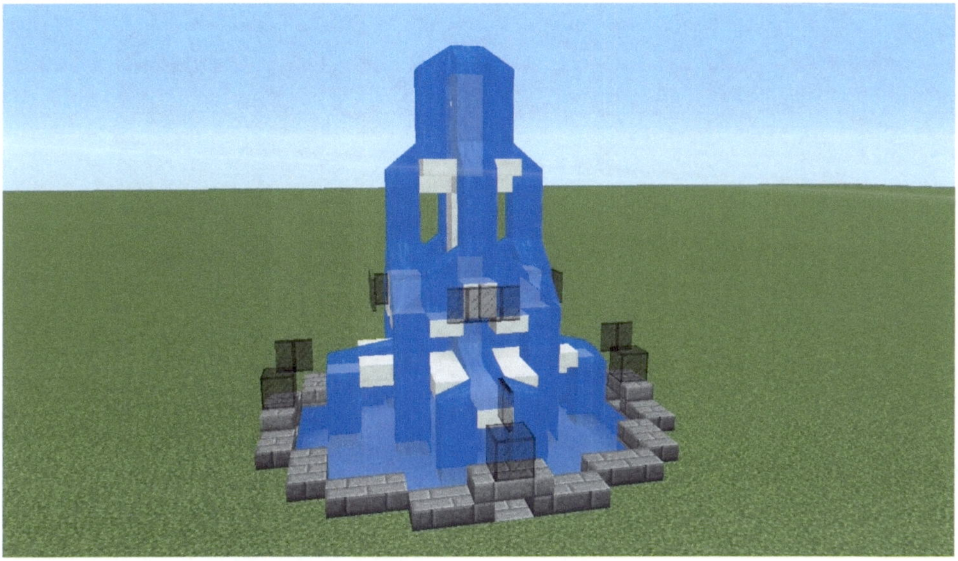

图 3-14

3.2 小镇的建设

现在已经有很多东西可以在你的生存世界里建造了，但小镇的形成除了这些建筑以及设施以外还需要一些元素，不然也只是一堆建筑群而已了。接下来我们就开始研究一个小镇需要有哪些元素才能使其更加完善。

1. 道路

虽说玩家不会因为在道路上行走而变得更快，但道路是规划小镇最简单有效的方法。你可以先规划完道路，然后再进行建筑设施的建造，也可以先造出建筑后再用道路连接各个点。总之道路的存在可以让整个建筑群看起来是一个整体而不是松散的建筑，并且还可以有一定的指引功能。

道路可以用很多种材料搭配设计。可以根据环境来搭配，也可以根据建筑的风格来决定其设计。从简单的单材料道路到双材质搭配，还有随机材质道路，用铲子也可以在草地上凿出一条小路，更是能做自带路灯的高配道路(见图 3-15)。

图 3-15

2．风格

风格统一能让你的小镇拥有更强的整体感。如果一个小镇里的建筑每个都有着不同的风格，那么看起来就像是一群人随意在这个地方造了些自己喜欢的东西。所以学会把一个风格应用到不同的建筑上去是很重要的。而且统一风格操作起来也不是特别难，有几个小技巧可以轻松地让你的建筑群风格统一。

- 材料统一

建造多个建筑时把主要材料给统一起来，建筑群造出来了以后它便会有一个主色调，不会乱七八糟。比如以云杉原木与木板为主材料的小镇。

- 颜色统一

就算使用的材料不尽相同，使用的颜色相近的话也是可以形成整体统一的效果的。比如以暗色为主的各种材料做成的小镇。

- 屋顶统一

要看建筑群的整体效果便要从高处俯视，俯视的时候屋顶则是最直观的表现，统一屋顶便是统一风格。比如以石头 + 木材料的 A 字形传统屋顶小镇。

- 特征统一

就算屋顶风格与材料搭配迥异，但给每个建筑加上特征明显的标记以后，整体风格还是会统一起来。比如在每个建筑屋顶上都放置一座雕塑。

3. 环境

一个完整的小镇除了功能性建筑与道路以外还需要有一些点缀，以达到环境美化的目的。环境美化可以从绿化着手，做些辅助设施，或者设计一些装饰物。这些东西可以让你的小镇看起来更加充实、更加完整。

- 绿化

虽然默认的地面都是草地，并且有野草存在，但你可以做一些花坛、人造树、盆栽等东西，让这一片地区看起来更加精致。

- 辅助设施

大型功能设施都可以作为城镇的主角，小型功能设施则可以作为配角点缀小镇。例如，在路边设计一些路灯，在每个建筑物前放一个垃圾桶，在中心广场放一个告示栏（多人游戏可当公告栏，单人游戏可当记录板）等。

- 装饰物

除了有实质性功能的设施之外，还可以添加一些装饰物来增加美观度。小雕塑、池塘、假山、秋千等都可以用来增加小镇的趣味性。

图 3-16 为一个小型的建筑群，有效地规划了道路，实现了风格的统一，并且很好地融入环境当中。

图 3-16

3.3 经典案例分析

生存玩到了这里，该建造的建筑都建造过了，可以研究的方法也都研究过了，有些玩家可能会觉得这款游戏已经玩到了终点。但这款游戏真正的魅力便是从此刻开始，到此为止玩到的内容都是大家普遍能体验到的内容，而从这里开始玩家可以自己创造作品了。

在生存的小镇当中除了能产出资源的设施以外，还可以研究一些有可玩性的小游戏：从赛马、赛艇、射箭等显而易见的游戏到迷你高尔夫、飞行棋、炸弹人，甚至是狼人杀这种根本想象不到的游戏都可以在 Minecraft 中实现。这些游乐设施可以形成一个游乐场，在枯燥的生存世界里为玩家提供乐趣与视觉享受。

喵服是一个由一群 Minecraft 爱好者组建的邀请制私人服务器。稳定而彼此熟悉的成员使这个服务器的内容与质量都在比较高的水平上。图 3-17 是喵服的地图与一部分小镇截图。这是成员们用生存模式一点一点建造出来的小镇，除了生存模式中常见的设施以外，更多的是因为玩家之间的互动而产生的充满创意的建筑与设施。

图 3-17 中的所有内容均为成员们在生存模式下建造的，包括图片左下角的像素文字与二维码。

图 3-17

广场以服务器 Logo 为图案，空中有圣诞时期建造的圣诞雪橇，道路规划让杂乱的建筑看起来整齐了不少（见图 3-18）。

图 3-18

小镇边上的游乐园中有狼人杀、德州扑克、雪球大战、赌马、飞行棋、炸弹人、跳楼机等原创娱乐设施（见图 3-19）。

图 3-19

Minecraft 这款游戏以自由度闻名，游戏的真正乐趣不是游戏作者团队为玩家设计的内容，而是玩家自身用游戏创造出来的内容。只要想象力足够丰富，便能在游戏中体验到其他人想象不到的乐趣。想要在纯建筑的路上走得更远，则需要摆脱生存模式的框架，进入创造模式等更广阔的领域。下一章开始正式进入创造模式建筑教程，在下一章中将不再讨论怎么样能造出房子，而开始研究如何建造出不同风格的建筑。

第4章 中世纪民居

这一章开始笔者将教大家制作中世纪民居类型的建筑，这种建筑并没有太多规范化的建筑方式，适合初学者作为 Minecraft 建筑的入门方向，也能帮助新手玩家快速理解 Minecraft 的基本概念和方块之间的组合运用，这将在之后制作其他类型建筑的时候起到很大的作用，相信对新手玩家来说是非常有意义的。

在动手制作之前我们可以先弄清楚一个概念，什么叫做“中世纪民居”。从公元四世纪到公元十五世纪，欧洲经历的这一时期为“中世纪”，这个时期最具代表性的建筑是教堂类的建筑，典型风格有哥特式建筑、罗马式建筑、拜占庭式建筑。相信大家也都在影视剧、动漫、游戏里见到过中世纪民居样式的村庄城镇，这些也是在 Minecraft 里搭建中世纪民居的参考依据。这个时期的民居主要是由木料和石料制作而成，所以在 Minecraft 里推荐用石头、圆石、石砖类的材料组成墙面，用各种原木、木板制作支撑结构和地板，屋顶则相对随意。如果想做成较为鲜艳的颜色，可以用粘土、羊毛或者木料制作，具体情况根据你想制作的场景想表现的整体效果而定。如果想要构建一个充满活力生机的温馨小镇，可以考虑多使用对比度相对大一些的颜色，浅色的墙面用深色的支柱配上暖色的屋顶是不错的选择，想要更加威严压抑的场景就多使用冷色调材质。

接下来我们就用实例告诉大家如何制作有特色的中世纪民居。

4.1 基础民居制作

首先我们整体欣赏一下一个简单的基础民居的效果图（外部见图 4-1、图 4-2，内部见图 4-3、图 4-4 和图 4-5）。

展示图使用的材质包为夏日风情，建议大家使用原版可以真实还原下面所述场景。

图 4-1

图 4-2

图 4-3

图 4-4

图 4-5

看了上面的建筑是不是特别想要？再也不想住在狭小的火柴盒里了？那么接下来笔者将教大家如何制作上面的建筑。

第一步：先把墙体搭建起来。搭建墙体简单地分为 5 个步骤。

（1）首先制作地基。用云杉木在地上制作一个 8×10 的方框，这里要注意四个角位置上云杉木的方向，将其竖直放置方能达到我们想要的效果，把其他的断面连起来，另外需要预留出门的位置，如图 4-6 所示，在离右下角的方块两格的位置留一格开口。在方框内铺上橡木板作为地板，从四个角往上延伸 3 格。

图 4-6

（2）制作门和门框窗户。由房屋内侧向外侧的方向放上门，注意这一步很重要，如果是外侧向内侧的方向放置门就会和墙体保持平整，这样无法表现出门框这个细节。门框则是在左右的竖直云杉木上各放置两个云杉木板，然后在门上放置倒置的云杉楼梯。这样门框的结构就很清晰逼真了，对不对？留下一个 2×2 的窗框，其余的部分用石砖封上。在窗框顶部倒放两个云杉楼梯，用栅栏填补剩下的两个空格，这样一个原生态的木窗户就做好了。

图 4-7

（3）在左侧墙面可以做两个窄一点的窗户，预留 1×2 的空间即可。如图 4-8 所示，墙用石砖围出 1×2 的两个窗户装上栅栏，栅栏上方放置倒放的石砖楼梯。

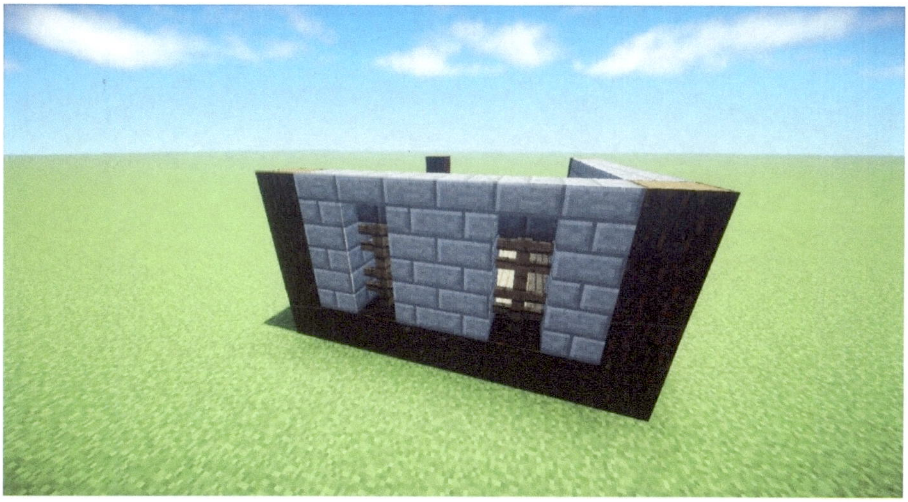

图 4-8

（4）对右侧面的墙我们不留窗户，但是也不能简单地做成一个平面墙，为了更有立体感，有一些小技巧介绍给大家。左右贴着云杉木各放置三个石砖，在地基的云杉木上放置三个石砖楼梯。在石砖楼梯上放置两层倒放的石砖楼梯，在同一平面内尽量避免连续使用单一一种方块，这样才会让整个建筑的层次感展现出来。

图 4-9

（5）背面墙的制作。对背面的墙增加一个原木支柱——这个原木支柱也是我们分割房间的依据，在下文内构部分会提到。支柱左边的墙左右各放置三个石砖，两列石砖中间上下楼梯中间空的一层放置栅栏，右边的部分和房屋右侧的墙用同种方式制作。

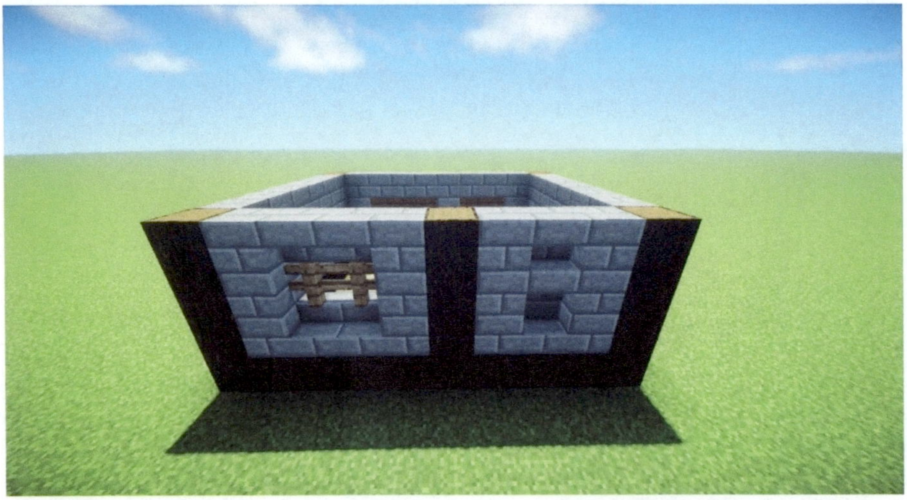

图 4-10

第二步：外墙结构做好之后，就可以开始“装饰”我们的家了，我们称之为内构部分。

（1）内构部分先要把这么大的房子分割成两个房间。方法是衔接第一步中背面墙制作部分的原木支柱搭建一面内墙。第一层可以用云杉木，并且预留出门的位置，门的左右两侧竖直放置两个云杉木块，中间放上门即可。注意门还是从内侧放置以保证门的立体感。内墙主墙体用石砖制作，为了维持门的立体感，门的正上方要倒放石砖楼梯。右侧留下 2×2 的空间做一个装饰花架，同样为了维持花架的立体感，花架顶部的正上方要倒放两个石砖楼梯，然后在石砖中间放置两盆半云杉在台阶上，上方空置一格空间放置花花草草。花架做好之后可以在云杉台阶上放置两个花盆，按自己的喜好种上花草。在门上的楼梯前和台阶上放置告示牌。现在就可以给你的房间命名了！归属感瞬间涌出来，对不对?

图 4-11

（2）为了让我们的房间更加温馨，可以在房间放置一个烛台，这种烛台几乎可以用在任何房间里。如何制作烛台呢？首先在某个石砖上放置一个火把，接着在该石砖上放置一个物品展示框，然后对着物品展示框放置一个铁砧，最后右键物品展示框可以旋转内部放置的对象，利用这个特性把内部的铁砧倒过来。特别注意的是上述顺序一定不能错，不然是无法实现图上的效果的。这样带装饰的分割墙体就做好了。接下来我们就要在两个房间内部布置家具和饰品了。

图 4-12

第三步：装修娱乐房间。娱乐房间兼客厅、书房、游戏室于一体。娱乐房间可以分为四个步骤来完善。

（1）放置绿色盆栽。首先做一个花盆，花盆可以用末地门方块来实现，放置一个末地门方块，在末地门方块内装上一个末影之眼，花盆的感觉就出来了。然后，在花盆上面放上树叶方块，这样一颗绿色盆栽就出现在我们家中了。如果空间允许的话，花盆上面也可以放两个树叶，效果会更好。

图 4-13

（2）书桌的制作。在房间里做一张书桌，做一个爱学习的好孩子怎么样？书桌用云山楼梯即可制作出来。具体方法是：靠着地狱门和右侧的墙放置倒云杉楼梯，如图 4-14 所示，这样桌子腿就出来了。然后把中间空余的地方用云杉台阶连接在一起做出书桌。这样一个简洁的书桌就做出来了。为了使我们看起来更爱“学习”，可以用羊毛地毯做出纸张的效果，右侧放置拉杆做成笔和笔架，左侧用阳光传感器表现书的效果。书桌上面做一层书架，用台阶即可实现。书架之上可以放置各种花盆和苦力怕的头作为装饰品。书架下面可以贴上一排告示牌表现出书柜的效果。

图 4-14

（3）椅子的制作。一个热爱“学习”的少年，怎么能没有一张像模像样的椅子呢？接下来就教大家做一张无比逼真的椅子。先在距离书桌一格的位置放置一个云杉楼梯，然后在云杉楼梯左右两侧贴上活板门当作椅子扶手，再在楼梯后面放上一个门作为椅子的靠背。注意门放置的方向要面对椅子，和制作门的原理一样，Minecraft 1.8 之后的版本有多种木门选择，可以用云杉木门和普通门做出区分。

图 4-15

（4）其他装饰。墙面上随意挂上几幅画，地板上放置一些箱子和工作台作为装饰，同时方便生存玩家使用。这样我们的娱乐房间就基本成型了。

图 4-16

第四步：装饰卧室。

（1）用上述同样的方式倒放云杉楼梯和云杉台阶做成桌子、架子和灯。角落里放上一张床，用附魔台做床头柜，床边围上地毯，桌子和台子上放上花盆之类的装饰。

图 4-17

（2）剩下的部分按自己的需求放置一些家具。

图 4-18

这样一楼的内构就做完了。如图 4-19 所示是一楼的俯视图，很温馨很美观对不对?

图 4-19

第五步：现在开始做屋顶部分，屋顶部分可以搭建成一个小阁楼，不仅美观而且非常实用。

（1）把四角的柱子往上延长一格，用云杉木把四角连接起来，用橡木板把屋顶封顶。

图 4-20

（2）现在已经可以挡风遮雨防小怪物了，不过我们要做的是中世纪的民居，所以凸出的屋顶也非常重要。首先在凸出墙面一格的位置各放置一条石砖楼梯，然后用云杉楼梯把两边连接起来，用楼梯将屋顶框架延长，整个屋顶已经出来了，很形象对不对？诀窍就是用楼梯实现屋顶的斜面。

图 4-21

（3）在屋脊的侧面用一层石砖做出屋檐来。屋檐的楼梯下面用倒放的石砖把空隙填满，在屋檐内部的云杉楼梯下放置云杉木即可。用云杉木、云杉楼梯、栅栏做出阁楼的墙和窗户，这样一个立体的阁楼墙面就建好了。

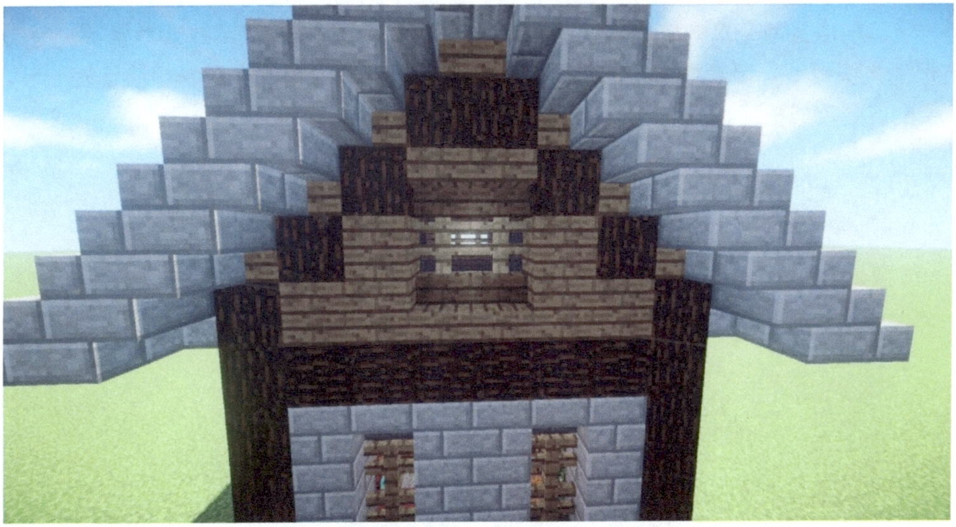

图 4-22

（4）为了从卧室可以达到阁楼，还需要在卧室的屋顶上开个洞，放上活板门，墙面贴上梯子作为阁楼和卧室之间的通道。阁楼内的空间比较大，生存玩家可以在里面放置大量的箱子和熔炉，也不会影响室内的美观。

图 4-23

至此，一个基本的中世纪民居就建设好了。不过为了更加美观，我们会教大家在外墙上做一些装饰，让家更温馨。

第六步：房子外装饰。

（1）在门口用云杉楼梯和云杉台阶做出门檐，用栅栏作支撑。在门口做一个简单美观的花台，具体做法是：窗口前放置两个草方块，种上两朵花。草方块左右各放一个倒放云杉楼梯，前面放置活板门把草方块围上。云上楼梯上放置两个原石墙，原石墙上用四个云杉台阶连在一起。这样一个简单的花台就成型了，属于画龙点睛之笔。

图 4-24

（2）左侧墙面的窗户前用云杉楼梯、云杉台阶、原石墙组合成窗台和窗檐。阁楼的窗户用栅栏和石砖台阶做出窗檐。

图 4-25

（3）右侧墙面我们没有预留窗户，可能有小伙伴会纳闷，这里笔者的考虑是因为要做个马厩，有窗户的话会臭死。马厩的做法是首先用干草块铺上 4×3 的地板，然后用云杉木围上干草块。角上竖直放置两个云杉木，用云杉台阶做出顶。

图 4-26

（4）两边用栅栏围上，栅栏上放置云杉台阶，用石砖台阶做檐。马厩正面放置栅栏和栅栏门。

图 4-27

到这里这个小型民居就做完了，这一章主要是让大家有一个对建筑方块使用方式的概念。本章讲到的制作细节、内构装饰品、外墙装饰的方法会在之后的章节里反复使用到。

4.2 经典案例分析

三层中世纪民居效果如图 4-28、图 4-29、图 4-30、图 4-31 和图 4-32 所示。

图 4-28

图 4-29

图 4-30

图 4-31

图 4-32

因为范例内容的制作方式仅仅是基础民居的扩展，而且基本技巧是一样的，所以这里我们只做简要介绍（介绍部分仍然使用原版材质包）。

要制作范例中的三层民居基础框架，首先在地面上铺上 9×15 的地板，然后按照图 4-33 的样子放置云杉木做支柱（红色羊毛为标记格数用，可不放置）。

图 4-33

图 4-34

图 4-35

这里告诉大家一个简单的搭框架的解决方案，很多人觉得自己做的建筑完成后比例不好看，这个问题可以提前预防，解决办法就是使用黄金比例 1 ： 0.618。我们可以把它看作 5 ： 3，这样在搭建框架的时候可以让长方形的长宽比接近黄金比例，例如 10×6、15×9、19×13 等，稍微在长或者宽上增减一两个方块不影响实际效果。这个技法在整体美观性上能起到很大作用，当然魔幻建筑不一定服从这条规定。

这里讲一下民居通用的制作方法。笔者喜欢把建筑做成 1:1 的比例，现实世界里民居类的建筑基本一层都是 3 米多高，所以我的教程里每层楼高度都为 4。这里同样服从之前说的黄金比例，墙面加上框架大小刚好是 10×6，在这个高度下窗户的最优解是 1×2、2×2、2×3。如图 4-36 范例中的三层民居正面的窗户采用这种方式制作。不过玻璃和展览的使用选择是随意的，也可以按照图 4-37 中间的窗户改为 2×2 的栅栏再增加两个云杉楼梯。作为窗户的玻璃板或栅栏上仍然以基础民居一样的方式倒放楼梯来增加层次感。窗户外的雕花可以使用錾制石砖和原石墙做出竖纹，并在每层分割的原木上做上窗台。至于一楼由于地基是埋在地里的，所以一楼不用考虑最下面的一格，结合圆石墙和錾制石砖的装饰方式和图 4-24 中的花台可以制作各种方式的花台。

图 4-36

图 4-37

因为前面只有四格的墙面，所以窗户选择的位置就只剩下 2×3 和 2×2 了。下面我们在窗台上做些改变，当然这些改变也是能用在之前的墙面上的，如图 4-38 所示我们可以考虑把中间两个原石墙换成栅栏，也可以考虑不要錾制石砖改为只有圆石墙和栅栏的组合，窗檐和窗台换为使用木质或石质的楼梯和台阶制作。

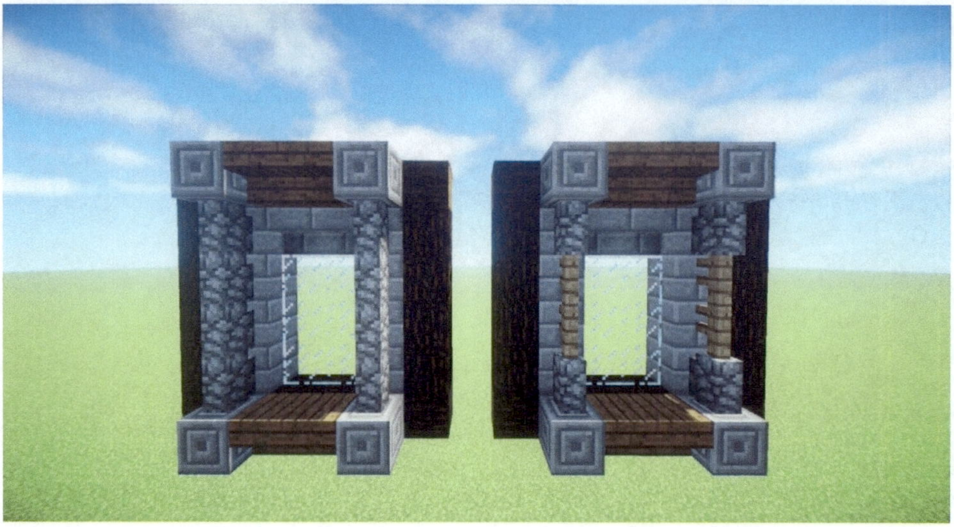

图 4-38

图 4-39

如果嫌之前的选择还是不够多，那么我们甚至可以用凸出和内陷的方式去增加制作方案，如图 4-40 所示，左边的窗户我们可以让石砖凸出来，再在石砖中间放置栅栏和楼梯组成内层玻璃窗户的栏杆，或者像右边的窗户一样直接让墙面内陷一层，直接在原木框架内放置原石墙、栅栏、錾制石砖、云杉楼梯作为装饰，云杉楼梯也可以替换成草方块，可以按照图 4-24 的样子制作花坛。

图 4-40

接下来讲讲屋顶，这次的屋顶和基础民居的不同，更高且更尖，这种样式的屋顶在中世纪建筑里更常见。首先用石砖和石砖楼梯做出屋檐，左边分别用桦木楼梯代表正放的石砖楼梯，云杉木代表倒放的石砖楼梯区分，方便观察，注意屋檐在墙外一格，这里屋檐的曲线也可以根据你的喜好调整，通过增加石砖或者减少石砖来分别实现更高更尖或者更矮更钝的效果。图 4-41 是单数的情况，图 4-42 是双数的情况，两种状况下方式是一样的。

图 4-41

图 4-42

首先在框架上放置一条石砖楼梯作为侧面的屋檐，接着用云杉楼梯和云上木板制作屋顶，屋顶左右对称制作，最左侧那条用橡木板和桦木楼梯区分。

图 4-43

屋顶也可以像图 4-44 一样顶部制作为曲线，并按照越靠近中间越宽的规律依次下沉一格，这样能增加更多的屋顶细节。

图 4-44

接下来给大家介绍一下这个三层民居的内构。先从一些家具说起，图 4-45 中的两类桌椅是最基础也是最常用的。椅子的做法和基础民居里是一样的，左边由楼梯和台阶组成，桌子上可以放置酿造台和花盆作为装饰品，也可以直接在花盆里放置花。右边的桌子是用栅栏上放置羊毛地毯的方式制作的，也可以像图 4-46 一样用书架做成一个 L 型，然后三个信标连在一起。信标左右各放上三个台阶，信标上放置羊毛地毯，书架上再放置一些花盆、炼药台、阳光传感器等物品作为装饰，最后按照基础民居（图 4-13）一样的方式制作一个大花盆。

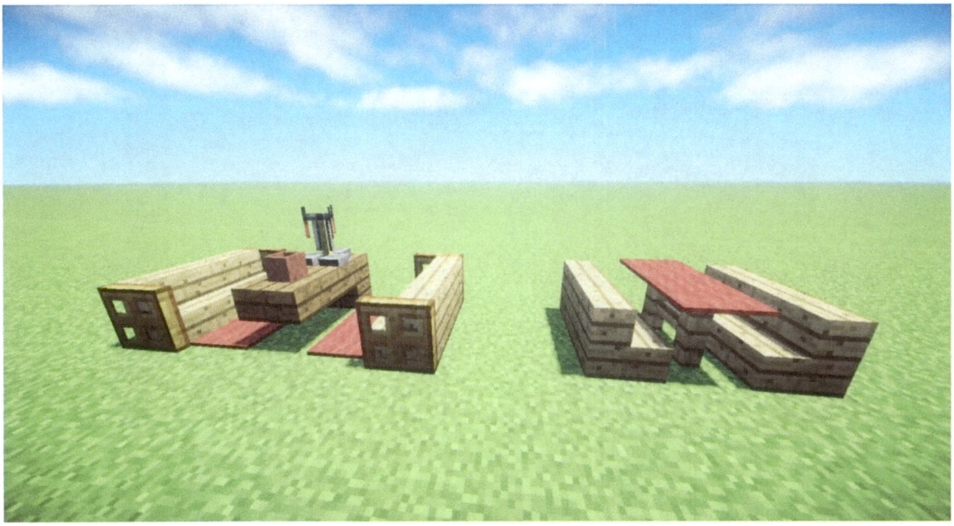

图 4-45

图 4-46

再来是楼梯的制作，楼梯用的是和地板同样颜色的木板楼梯，上下对立的放置方式和基础民居（图 4-22）的方式一样，侧面用石砖和栅栏做扶手，下面填上栅栏，楼梯下可以放各种东西节省空间又不影响美观。

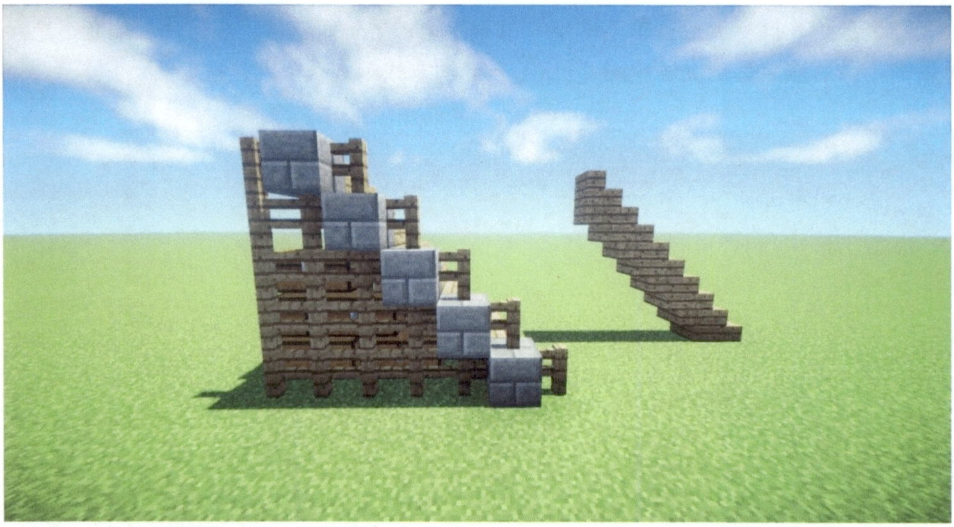

图 4-47

最后给大家展示一下每层内构的俯视图。图 4-48 为一楼展示，图 4-49 为二楼展示，图 4-50 为三楼展示。

图 4-48

图 4-49

图 4-50

这样建造一栋中世纪民居的基本建筑方法就已经讲完了，最后我们总结一下本章的要点。记住以下几点，对我们在制作各种建筑的时候会有很大帮助。(1)比例：接近黄金比例是最好的办法，比例会严重影响整体效果，所以是搭框架时的重中之重。(2)配色：注意使用不同颜色的方块去制作前面的支柱窗户和装饰品，这对整体效果是第二重要的。(3)装饰品：墙面不能是光秃秃的一个平面，窗户有窗框、窗台和窗檐，门也要有门框、门檐，复杂而不混乱的墙面才能提升整个建筑的层次感从而脱离火柴盒。最后屋里的各种家具，窗台上的花盆，屋外大树下垂吊着的秋千，前后院的花圃等都能极大地提升整个作品的层次，让色彩更加丰富、艳丽有生命感。

通过反复的练习快速把这些内容灵活应用，每次都能比上次制作出更大型的建筑，相信通过对本章的学习加上自己的练习，你也能成为一位“建筑大触”。

第5章 幻想风格建筑

Minecraft 作为一个可以自由展现自己创意的平台，当然少不了各种各样脱离现实不受约束的建筑，大家喜欢的空岛、带翅膀的飞船、各种神兽的雕像皆是这个风格里的代表。笔者非常喜欢幻想风格，创作幻想风格的建筑制约少，不用考虑身为建筑物的合理性，时常是突然灵感乍现不考虑规划直接开始制作，这种感觉非常棒，如果有足够强的技术的话往往能得到非常惊艳的作品。本章我们就来学习幻想风格建筑的制作。

5.1 案例解析

笔者不会去详细描述每个方块的摆放方式，而是会着重讲技术要点。因为幻想风格的建筑是个很宽泛的主题，所以这一章选取了笔者之前的作品《新芽》，一个以树桩、花朵、计时器为主要视觉元素的作品给大家讲解，带领大家入门幻想风格。要想做好幻想风格的作品，首先要确定一个主题，你想用建筑表现的是什么，可以是具体的物品、景物，甚至是概念。有了主题并且围绕这个主题去制作的作品会更加统一、自然，不然只能做出毫无章法的混乱建筑，也许第一眼看起来还行，但是不耐看且空洞。尽管你可以放开思路天马行空，自由不受拘束地放手去做，但是也仍然要围绕一个主题，让所有的元素形成一个整体。再回来说说《新芽》这个作品，它是为了纪念我们的服务器——“时光深巷”而做的。“随着时间的流逝，时光深巷有人来有人走，但是它永远充满了喜爱 Minecraft 的玩家带来的生机。”这是这个作品的主题，时钟和沙漏代表了时光深巷和过往的光阴，枯萎的树桩代表了已经离开的人们和过往一起游戏的日子，树上的新芽和花朵代表新人和“深巷深巷”仍然充满生机。

成品展示如图 5-1、图 5-2 和图 5-3 所示，材质包为 Conquest。

图 5-1

图 5-2

图 5-3

本节将详细讲解钟的制作，然后简略介绍一些其他的魔幻建筑。

第一部分：支撑和台子的制作。

首先在离地五格的空中放置 27×4 的木板墙，接着在木板左右各放置 2×5 的云杉木板，四个角落放置云杉原木，按照图 5-4 中的位置摆放四个云杉台阶和深色橡木台阶，最后如图 5-5 向着一个方向重复延伸 58 次就好了（安装有 world Edit 又称创世神或者 WE 插件的玩家可以直接把图 5-4 上的内容设置为选区，然后用“//stack 58”指令自动延伸 58 次）。

图 5-4

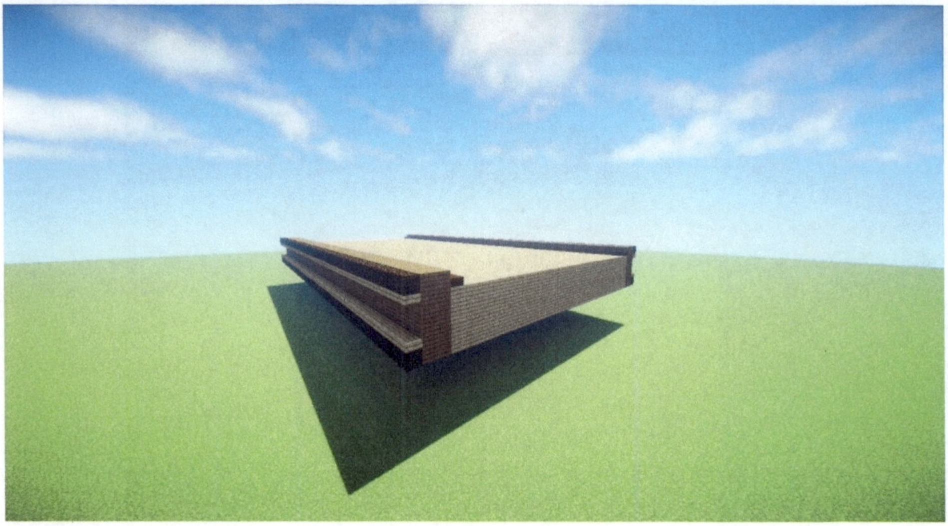

图 5-5

如图5-6左右两侧做成接近半圆的形状，两侧对称。侧面规律和之前的一样，按照图5-7和图5-8的样子分别放置云杉原木、桦木台阶和桦木楼梯，这一步侧面的雕花其实可以随意制作，不对称也没关系，按照自己的想法去做，我们学教程的目的是增长技术而不是复制教程里的东西。

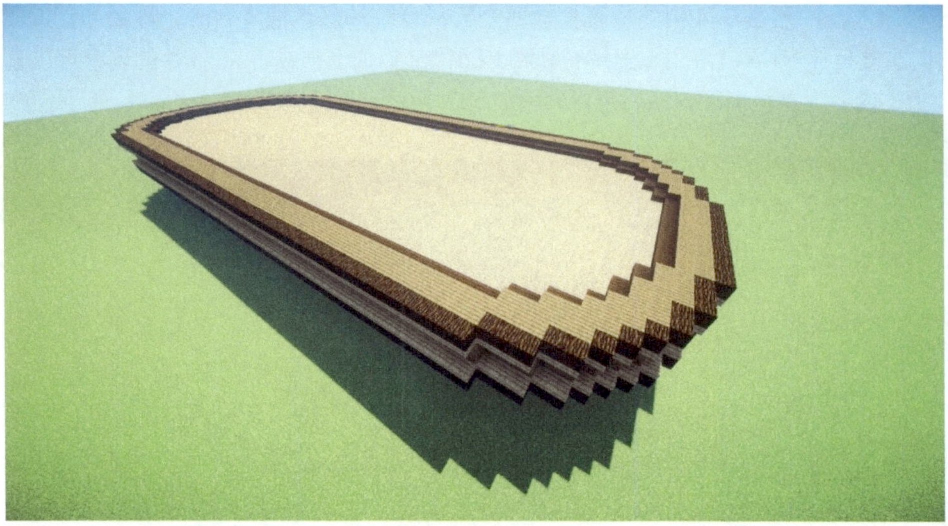

图 5-6

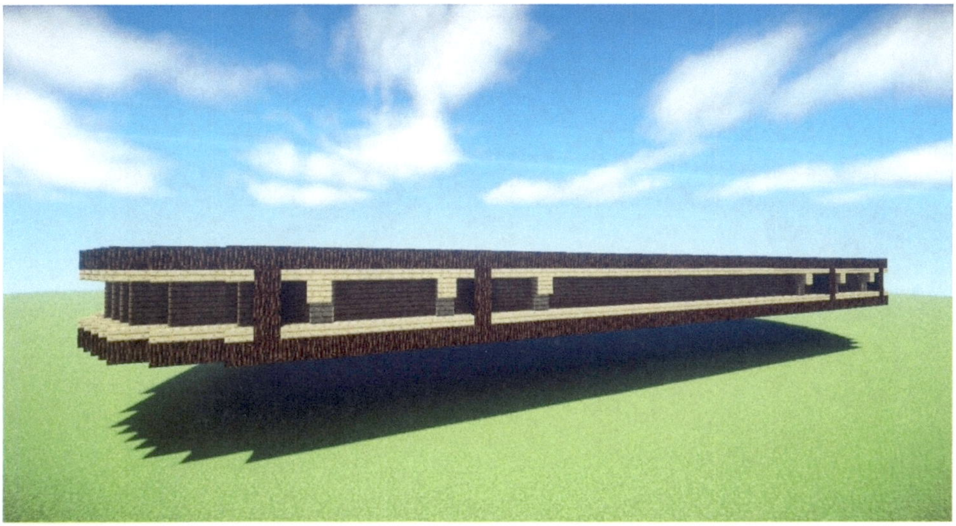

图 5-7

图 5-8

小台子和之前搭建的方式一样，用红色羊毛标记出了放置的位置。

图 5-9

大台子在如图 5-10 所示位置放置一个大型的齿轮的话，对齐边上竖直的云杉木就好了。为了方便观察齿轮细节如图 5-11 单独展示，齿轮直径 47，内部用云杉、白桦、橡木、深色橡木分别做出分色。当然你可以按照自己的喜好随意组合，但是注意不能是同一颜色，如果颜色一致会丧失很多细节。

图 5-10

图 5-11

以下面的齿轮中心点为坐标在大台子上制作更小的台子，台子大小用红色羊毛表示（见图 5-12 和图 5-13）。

图 5-12

图 5-13

第二部分：钟面的制作。

首先在大台子右边放置同心的两个圆环，大的直径为 47，小的直径为 41。按照图 5-14 和图 5-15 所示位置放置白桦木板、橡木板、云杉木板和深色橡木板做出钟的厚度。留出放玻璃块的圆洞，12、3、6、9 这四个钟点的位置比其他的大一点，在圆洞里放上玻璃块从 12 点开始以顺时针的顺序，分别按"红→棕→橙→黄→黄绿→绿→青→淡蓝→蓝→紫→品红→粉"排列，这样就能做出一个 12 色的色环。这里注意因为红色和橙色之间需要一个颜色才能把 12 个颜色凑齐，所以只能用效果类似的棕色代替，玻璃周围的一圈可以放上萤石提升亮度。

图 5-14

图 5-15

钟面上制作洛可可式的雕花，这部分可以按照自己的意思去做，如果没有灵感可以尝试上网搜索“洛可可、巴洛克、铁艺”等词汇，浏览图片观察学习。

接下来制作钟面上的数字，对这种洛可可风格的钟面只能使用罗马数字，不然会非常影响效果，从 12 点位置开始顺时针制作“Ⅰ、Ⅱ、Ⅲ、Ⅳ、Ⅴ、Ⅵ、Ⅶ、Ⅷ、Ⅸ、Ⅹ、ⅪⅫ、”竖线我们用栅栏和原石墙制作，“V 和 X”使用錾制石砖和楼梯制作（见图 5-16）。

图 5-16

最后一步我们使用不同颜色的玻璃和模板制作大小不同的圆形放置在大钟的周围，不用在意具体位置和数量，保证整体构图和视觉的平衡冷色和暖色各有一些。指针用圆石墙和栅栏、半砖楼梯之类的方块组合制作出镂空的效果。前面的小台子上也分别用红、绿、蓝三个颜色的玻璃做出三根灯管并在里面放上萤石，外部用栅栏和圆石墙在四个角做支撑，灯管顶部和底部放上一些装饰用的楼梯和台阶。

图 5-17

至此对钟的制作就介绍完了，这个作品涉及的技巧非常多，使用原版材质包效果也很棒，大家可以使用这个方法去制作更多的作品。齿轮、钟表、洛可可花纹在幻想建筑里是很常见的视觉元素，利用范围很广。这也是本节主要想教给大家的内容，着重记住这些知识点并反复练习相信能有明显的技术提升。

5.2 其他幻想风格建筑

1. 小型造景空岛

在空岛上并非一定要制作建筑物，我们可以尝试在上面制作池塘和树木（树木的制作方法在第 12 章有详细说明），如果要做成和式风格，我们可以把树木用彩色玻璃做成樱花树，并在树干上用台阶、羊毛、玻璃、栅栏这些开放组合制作“注连绳”。在空中悬浮放置一些东西衬托空岛是很不错的选择，推荐制作石天灯。岛上的池塘里放置些睡莲，船也可以作为装饰品放进池塘里，各种花草也是很棒的装饰品，但是别用骨粉刷出花草，同种的花应该一小簇一小簇放置，而不是随机放置到处都是。为了提升亮度最后加一些不同形状的灯在岛上，晚上会有更好的效果。

图 5-18

图 5-19

机械空岛也是一个不错的选择，制作一个小平台，依旧按照之前的方式制作造景。可以考虑在树冠上放置一些萤石和玻璃制作的灯，不同颜色组合而成的效果会更棒。最后在平台下制作一个螺旋桨之类的动力装置，机械空岛就完成了！

图 5-20

图 5-21

图 5-22

2. 小型飞艇

飞艇也是广大 Minecraft 玩家喜闻乐见的东西了，制作的思路也很简单。首先用方块制作一个椭圆形，如果想要童话感强一些的话，可以用不同颜色的羊毛制作气球，气球下面用圆石墙和栅栏连接一些类似小船的结构，最后在尾部加上螺旋桨。

图 5-23

图 5-24

3. 遗迹

遗迹也是各种幻想作品里常见的视觉元素，作为一个单独的作品或者作为整个场景里的一部分效果都很棒，有了遗迹整个坑的厚重感就出来了，遗迹代表了过去的历史，用得好能让作品更加完整，激发观众的想象。

图 5-25

图 5-26

本章的学习到这里就结束了，我们来梳理一下重点：(1) 魔幻建筑的构思方式。(2) 不同视觉元素的使用。(3) 在建筑里善用造景。

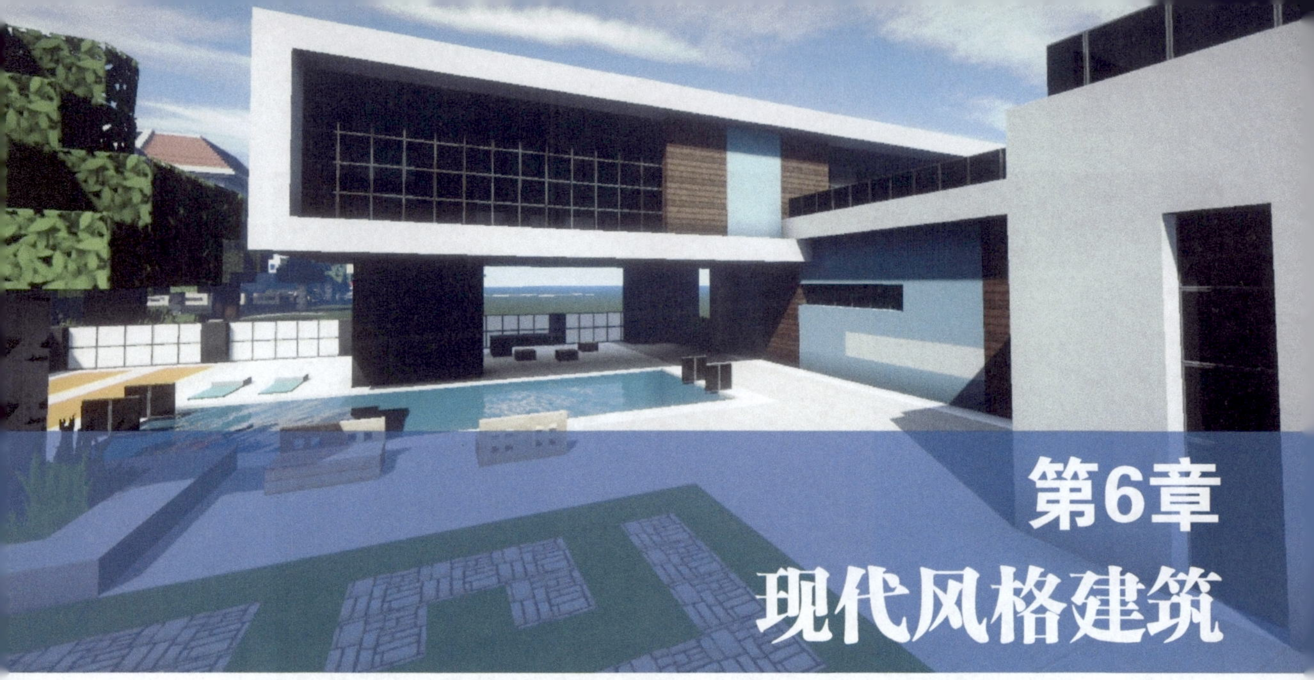

第6章 现代风格建筑

现代风格的建筑在现实中的建筑学里是指 19 世纪产业革命以后由于新型建材需求量与类型增多、结构科学的发展，以及建筑业生产经营引起的近代建筑革命所产生的新型建筑风格。其类型从注重高新技术的高技派，崇尚艺术的风格派到追求简约的极简派，更是有喜欢把传统结构拆解的解构主义风格，以及最吸引人眼球的后现代风格。

本文中的现代风格与建筑学中的现代风格大体一致，但更倾向于特征明显的后现代风格，以及简约的现代风格。本章会详细介绍实现现代风格的技巧，并且给出建筑典型现代别墅的教程。看完这一章后你还会学会一些简单的道路规划以及环境美化的知识。最后还会有一些好用的载具教学，可以使你的现代城市更有活力。

6.1 形成现代风格的技巧

（1）材质包

让建筑有现代的风格，最直接的方法就是使用一个现代风格的材质包。Minecraft 本身就支持玩家自己制作资源包并选择自己喜欢的材质包使用。所以作为建筑党，选择一个适合的材质包可以让自己的建筑作品更有完成度。

下面是笔者为大家推荐的几个现代材质包。

Flow’s HD，在现代建筑建造中是比较出名的资源包，既保留了原版贴图的特性，又体现了现代风格的简约与细致（见图 6-1、图 6-2）。

图 6-1

图 6-2

SoarTex Fanver，国内又称舒服细致材质包，整体风格温暖、细致。除了可以作为现代建筑材质之外，还可以作为生存材质使用（见图 6-3、图 6-4）。

图 6-3

图 6-4

Modern HD，专门为现代建筑诞生的材质包，不仅有其他现代建筑材质包的平滑细腻，而且有只存在于现代建筑之中的一些特殊家具贴图。贴图以其逼真的效果著称（见图 6-5、图 6-6）。

图 6-5

图 6-6

IT-Project，国内原创专业级材质包。由 FlashTT 与冰蓝两位资深玩家制作，表现出了现代风格的极致，也使用了很多深层次技术。做出了更多适合现代风格使用的拓展材质与贴图，使玩家能够使用的贴图材质远远多于游戏本身的方块总数。在 1.8 版本更是使用自定义模型做出了很多现代风格的家具设施（见图 6-7、图 6-8）。

图 6-7

图 6-8

（2）构造

与传统建筑追求规整、对称不同，现代建筑在结构上可谓是天马行空，想象力才是它的极限。空间联想能力强的玩家自然可以做出出色的空间布局，但这里给大家传授的是一些简单的现代构造技巧。

- 火柴盒拼凑，把简单的长方体随机拼凑起来便可以初步拥有现代风格的结构（见图 6-9）。

图 6-9

- 浮空结构，大胆使用浮空结构使其与传统结构拉开距离。但不能使用过度，支撑柱还是需要的（见图 6-10）。

图 6-10

（3）墙壁

现代建筑的外墙与其他风格的墙是有很明显的区别的。我们在 Minecraft 里建造的现代建筑主要以后现代与简约风格为主。要实现简约风格，需要尽量使用纯色墙壁（见图 6-11）。

图 6-11

但纯色不意味着整面墙都是一个颜色，只是每一个平面采用一个颜色而已。不同材质不同颜色的墙壁尽量避免在同一个平面上，如图 6-12 所示，不同颜色的墙都在不同的平面，这样就避免了杂乱无章的感觉。

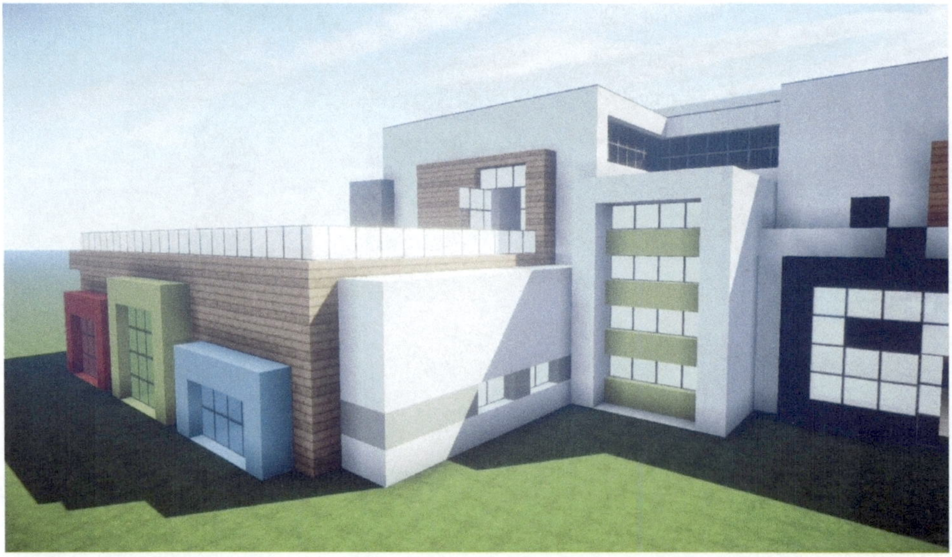

图 6-12

（4）配色

简约风格的配色一般会给人“禁欲”的感觉，通常以黑、白、灰颜色为主（见图 6-13)。

图 6-13

只使用黑、白、灰颜色时可以随意搭配，但有彩色的时候要慎重配色，除非是以彩色为主题或以多彩为亮点，否则不要在一个房屋内使用多种颜色（特指彩色羊毛及彩色粘土系列材质）如图 6-14 所示，如果要增加亮色，笔者也只选择了一种土黄色来点缀，而抛弃了其他更艳丽的颜色。

图 6-14

（5）形状

现代派的建筑最大的特点就是想象空间大，在形状上也不例外。你可以把任何一种形状应用到你的建筑上。当然需要它好看。但因为 Minecraft 这款游戏的方块限制，很多形状尤其是曲线，实际造出来的效果可能不会很好。

图 6-15 中是很多建筑党常用的圆形模板。

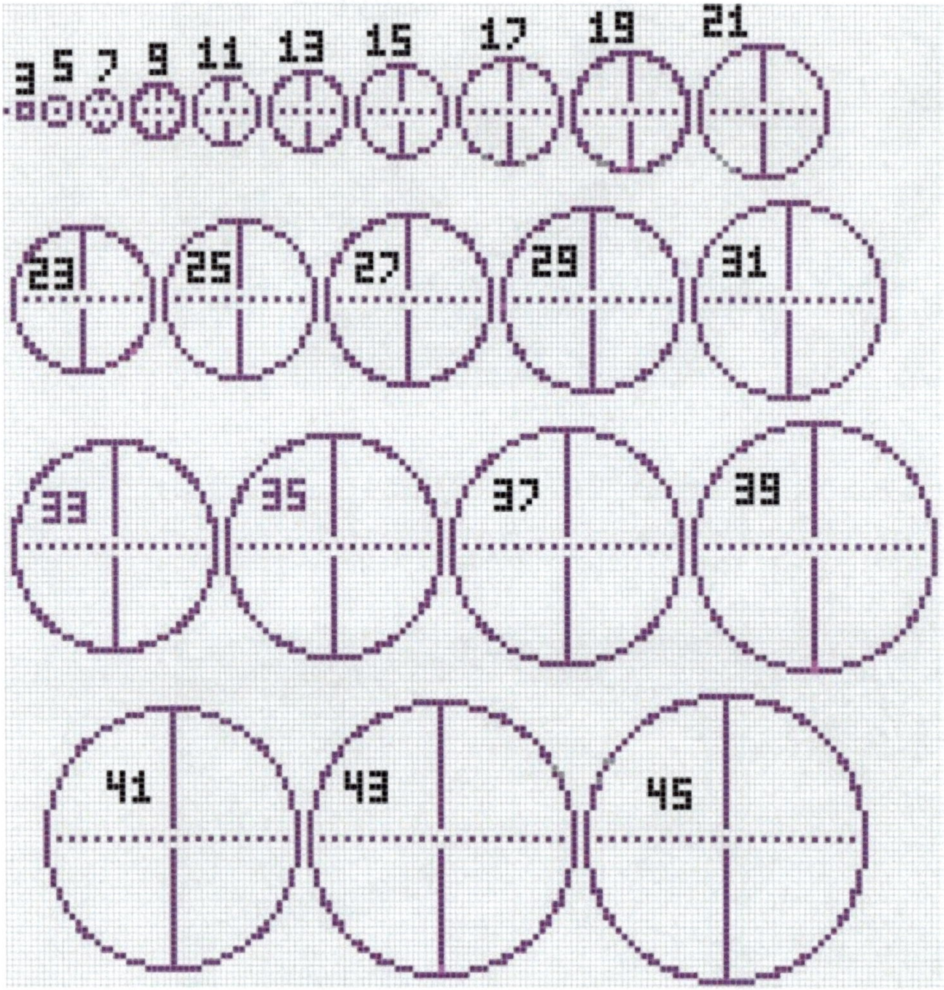

图 6-15

如果是做类似抛物线的曲线的话，可以参考 5 － 4 － 3 － 2 － 1 － 2 － 3 － 4 － 5 的规律做一条曲线（见图 6-16），然后根据需求再做微调。

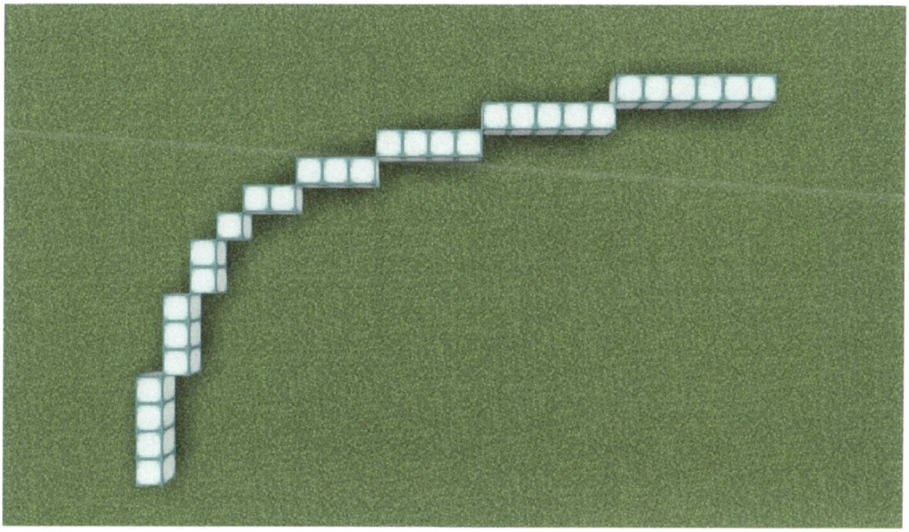

图 6-16

图 6-17 是 MaxKim 在建筑中使用曲线的例子。

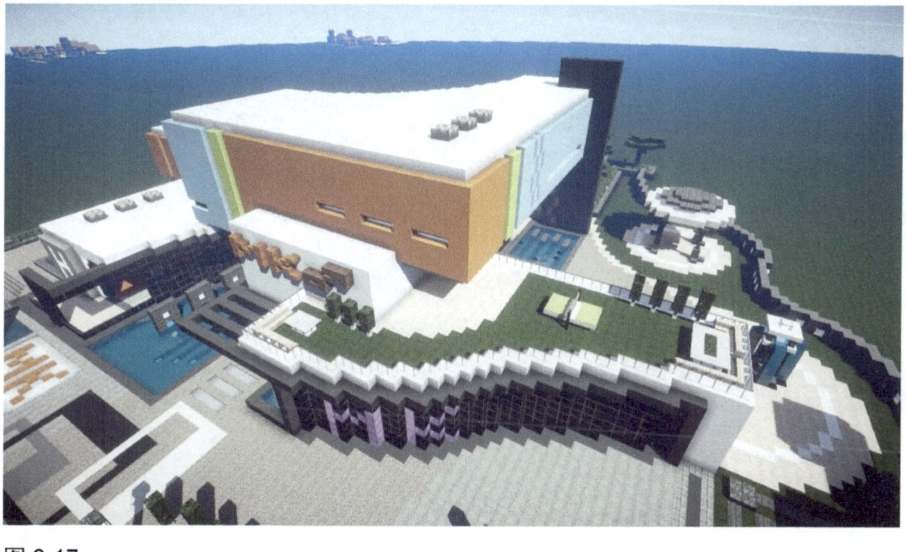

图 6-17

6.2 建造流程

建造现代建筑有两种主流的方法和一种非主流的方法，分别是：结构法、平面图法，以及非主流的灵感法。

（1）结构法

结构法是大部分建筑经常采用的方法，也就是先把整个建筑的结构或者架构给勾画出来，然后根据结构再设计墙体、屋顶及细节。

对现代风格建筑勾画结构可以使用以下两种方法。

■ 框架

优点：建造快捷、思维不受限、形状自由（图 6-18 中虽然是直线型，但也可以使用曲线设计更多形状）。

缺点：空间感不足很容易导致自己也不清楚做的是什么结构；想象力不足会在细化的时候遇到困难。

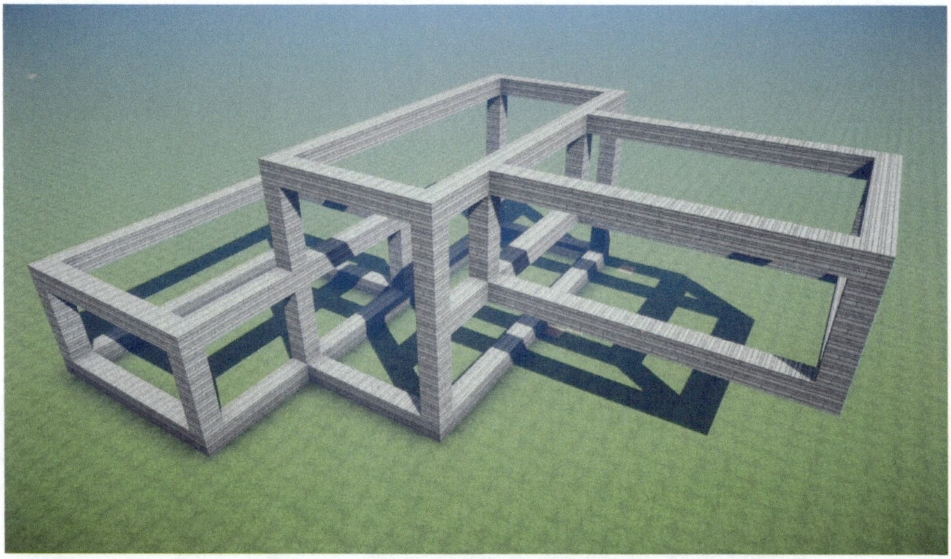

图 6-18

■ 盒子

优点：使用 World Edit 的 //walls 指令比较快捷；在建造简约风格的建筑时更加好用，因为不需要重新拆改大面积墙壁做再设计，省时省力；有成型的墙面很容易联想到下一步设计与成品概念图，设计起来得心应手。

缺点：没有 World Edit 指令的话建造盒子会花很多时间；只适用于简约风格的建筑，做其他风格时思维会受到限制。

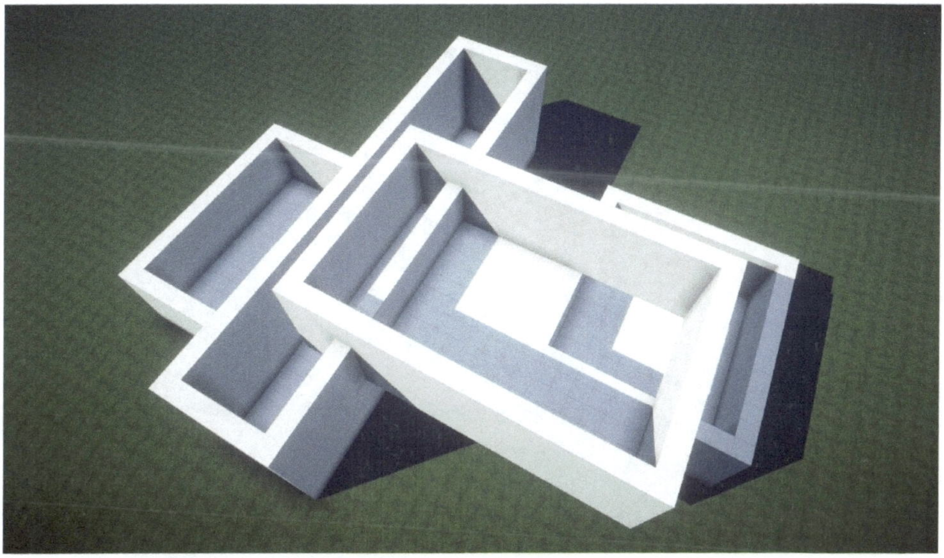

图 6-19

（2）平面图法

一般在还原现实中建筑的时候常用到这种方法，当然也可以自己设计一个平面图再进行建造。目的是为了做大型建筑的时候不让作品的比例走形，做小型建筑或者住宅时可以提前做好布局，让空间更具有科学性与合理性。图 6-20、图 6-21、图 6-22 为 MaxKim 在建造潘纳塔尔竞技场的时候根据平面图做的还原图。

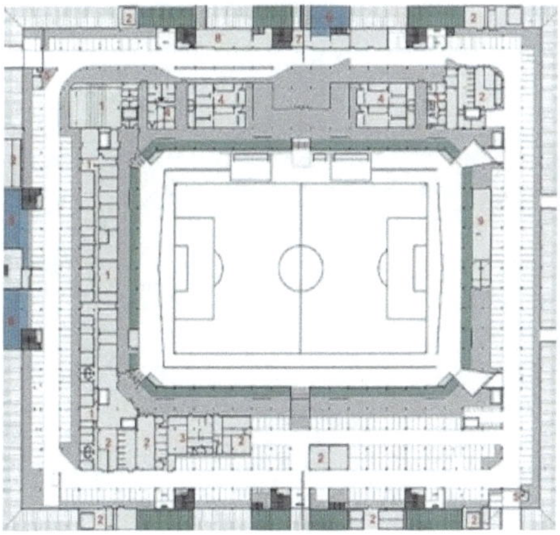
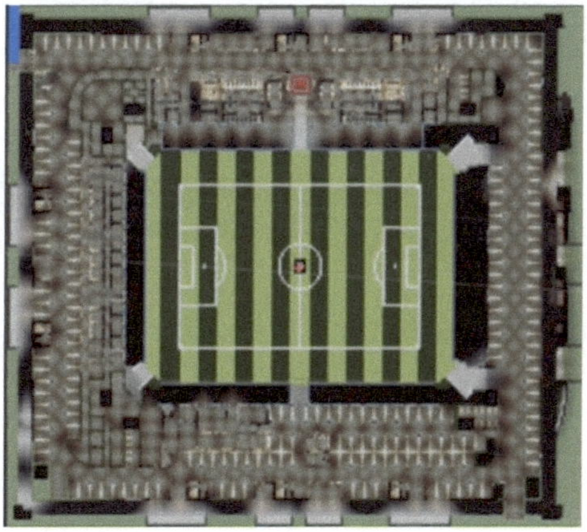

图 6-20

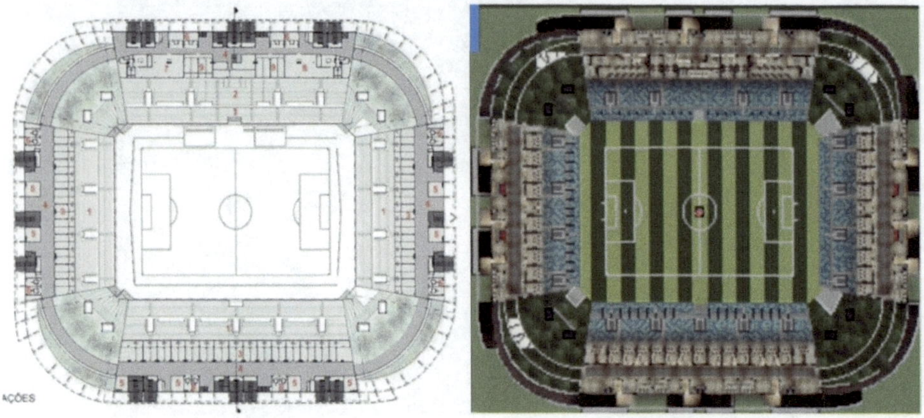

图 6-21

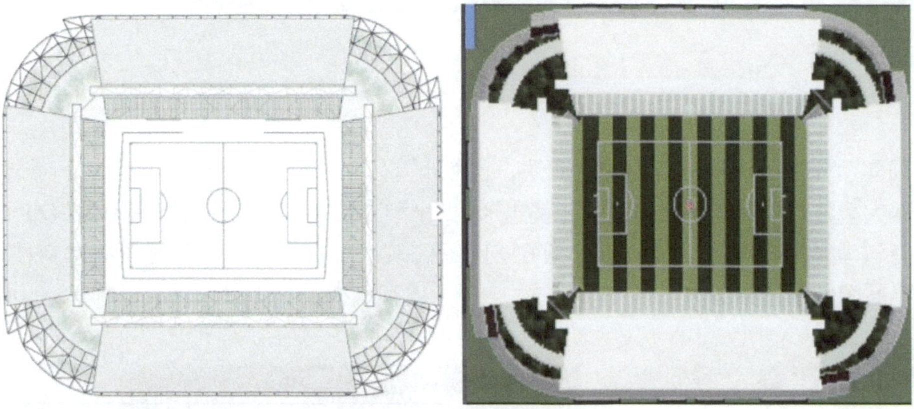

图 6-22

造别墅时可以先根据尺寸设计出一个平面图，再把墙体一点一点造出来（见图 6-23)。

优点：空间布局合理，可以更好地在内饰上施展。

缺点：做外观时需要迁就空间，否则无法完全展现效果。

图 6-23

（3）灵感法

灵感法是指灵感来到哪里就做到哪里，一般不提倡这种做法，因为很可能一不小心就会将外观与内饰双双“做残”。但有时候脑中涌现出大量灵感，如果不想用框架或平面图来限制自己的思路，那么可以采用这个方法。一般的思路是：把想到的灵感设计建造在一个地方，再根据那个设计继续进行修饰与扩张，同时考虑空间与形状上的合理性，再把更多符合主题的灵感设计添加进去，最后再进行整体的融合与细化完善工作。

为了提高灵感出现的频率，可以多观摩现实中建筑大师们的作品，多观看概念图，了解一下其他艺术领域的作品。其他领域的艺术经常能提供意想不到的配色方案、空间结构，以及主题与理念参考。在提高灵感方面，不建议观看 Minecraft 的建筑教程，而是建议观看出色的建筑作品展示，如下。

（1）别墅

- “A”字形别墅

特点：把传统“A”字形屋顶延伸至地面，再配上现代特有的简约与不对称墙体设计，使得这栋别墅在众多现代风格建筑中显得与众不同。

视频：http://www.bilibili.com/video/av1495234/

图 6-24

- 单层家庭别墅

特点：房屋空间设计比较大气，使用暖色材料使建筑更加温馨，内部空间布局较为科学，适合家庭居住。

视频：http://www.bilibili.com/video/av1590994/

图 6-25

- 白色浮空现代别墅

特点：简约风格比较明显，采用不常见的全层浮空的结构，给予别墅一种冷傲不可近人的感觉。适合单身的白领人士居住。

视频：http://www.bilibili.com/video/av1547947/

图 6-26

- 传统别墅

特点：占地面积偏小，但内部房间多，布局紧凑，适合家当多、家庭成员多的家庭居住。

视频：http://www.bilibili.com/video/av1630651/

图 6-27

- 橙灰复式别墅

特点：外观设计现代、前卫，复式的结构以及大面积落地窗使内部空间更加敞亮。配色与设计比较有个性，适合追求建筑美观的人士居住。

视频：http://www.bilibili.com/video/av2259221/

图 6-28

（2）公寓

建造公寓时底层可以按照常规方法独立设计，从高层开始可以把一层或者两层的模板使用 World Edit 指令复制叠加到上方实现高楼的效果。为了使公寓外观不那么单调，可以添加一些彩色元素，或者一些个性设计。

注意：因为会出现多个未加工的空房户型，可以在不想做别墅外饰的时候在公寓里设计内饰练练技巧。

视频：http://www.bilibili.com/video/av3238969/

图 6-29

（3）麦当劳

弄清楚一个快餐店需要有的空间与功能，提前为所需房间留出空间。多观摩现实中的店面设计（可搜索网络上的图片）。了解品牌的主要配色与 Logo 设计，还原出了配色，就完成了一半的工作。

注意：快餐店里除了有座位的空间以外，还会有前台、厨房、仓库、员工更衣室、卫生间，有些还会有办公室。观察别人没能观察到的地方，把一些不起眼的细节都还原出来，提升作品的真实度和完整度。

视频：http://www.bilibili.com/video/av3028454/

图 6-30

（4）加油站

同样也是把加油站常用的配色搭配出来就能达到一半的效果了。如果能还原出像样的加油机，那么能使加油站的真实度提高很多。把加油站通常附带的设施加进去能让内容更加丰富。

注意：加油站旁边常见的设施有便利店、修车厂、卫生间等。在加油站里停放几辆车也不失为一个好主意。

视频：http://www.bilibili.com/video/av4328388/

图 6-31

6.3 内饰设计

内饰不像外饰，如果我们根据史蒂夫比例建造房子，一般内部空间不会允许我们用方块做细致的家具。所以内饰方面要摆脱普通方块的固定套路，要往小型方块以及功能性方块考虑。除了我们常用的楼梯与台阶这种非完整方块以外，各种装饰方块有栅栏、铁砧、旗帜、木牌、玻璃板等；各种红石相关方块有活板门、木门、铁门、漏斗、活塞、踏板等都是可以用来做内饰家具的。

下面为大家介绍一些现代内饰设计。

（1）客厅

客厅一般都会有沙发、茶几、电视，但也有些传统风格的住宅只有壁炉没有电视。有空间的话可以自己设计一些音响摆起来形成一个简易家庭影院。

注意：在大空间里使用一部分作为客厅时，可以在下面做一块地毯，或者可以做成下陷式设计把客厅的空间划分出来。

图 6-32

图 6-33

（2）卧室

卧室首先要以床来确定整个房间的布局，再根据设定添加书桌、衣柜、梳妆台等家具。一般来说尽量避免床的正上方有灯。

注意：床上放一条地毯或雪片可以作为床尾巾装饰。主卧的床可以靠墙居中放置，更显气派。

图 6-34

图 6-35

（3）厨房

厨房里能做灶台、油烟机、洗碗池、冰箱等。尽量把餐厅设在离厨房近的地方，或者在同一个空间里。地板记得使用瓷砖的材质。

注意：两个楼梯面对面摆放，再把左右挡住就可以做一个简易洗碗池了。冰箱可以用不同方向的 6 个活塞来实现。

图 6-36

图 6-37

（4）卫生间

卫生间通常使用石英作为主材料。但偶尔也会添加一些其他颜色做个性化设计。

注意：漏斗与坩埚均可当洗手池。灵活使用拉杆、绊线钩作为水龙头或者冲水按钮。

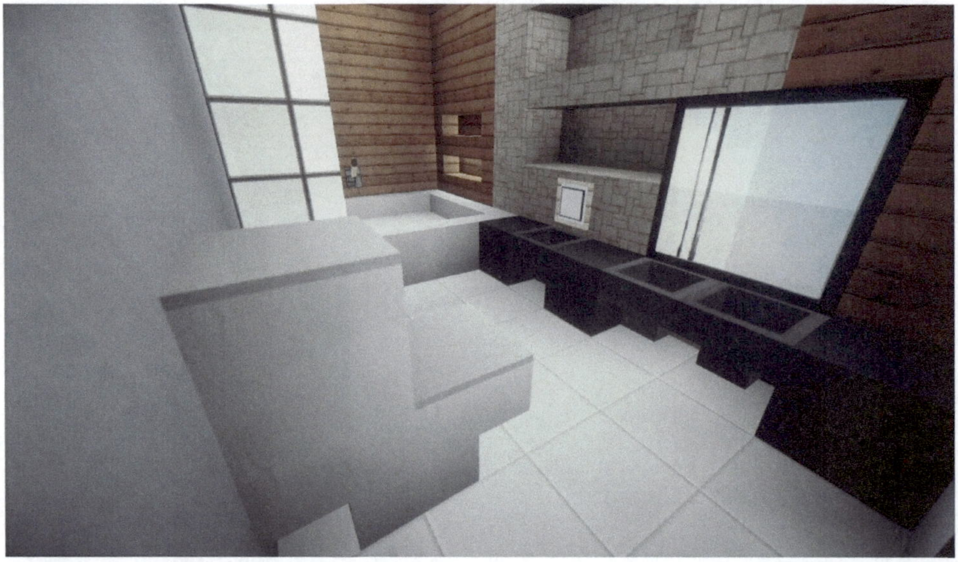

图 6-38

（5）书房

书房的桌子不要靠墙，人要坐靠墙位置，能正面看得到房门。

注意：没有窗户的墙上可以铺满书架方块，当然也是要设计一番，与其他方块搭配一下。

图 6-39

图 6-40

（6）娱乐室

娱乐室可以有街机、台球桌、电视、家用游戏机等。可以根据自己的喜好添加新的娱乐设施，比如乒乓球桌、小高尔夫球道等。

图 6-41

图 6-42

(7) 健身房

作为现代人的一种兴趣爱好或者生活习惯，有很多屋主都会在家里独立开设一间健身房。主要注重一些健身器材的设计，便可以让一个房间拥有健身房的气息。

注意：可以亲自去附近的健身房参考一下有什么器材，以及参考其装潢。

图 6-43

(8) 其他室内布局

- 室内泳池（见图 6-44）

图 6-44

- 保龄球馆（见图 6-45）

图 6-45

- 电影院（见图 6-46）

图 6-46

■ 赌场（见图 6-47）

图 6-47

■ 麻将室（见图 6-48）

图 6-48

■ 图书馆（见图 6-49）

图 6-49

6.4 环境与规划

（1）庭院

别墅或其他住宅建筑的庭院一般以绿化为主，休闲娱乐为辅。首先要做好人工或自然的绿色景观，再考虑做泳池或烤肉区之类的附属设施。秋千、小树屋、宠物屋等都是可以随意添加的元素。以下是一些案例参考（见图 6-50、图 6-51、图 6-52、图 6-53）。

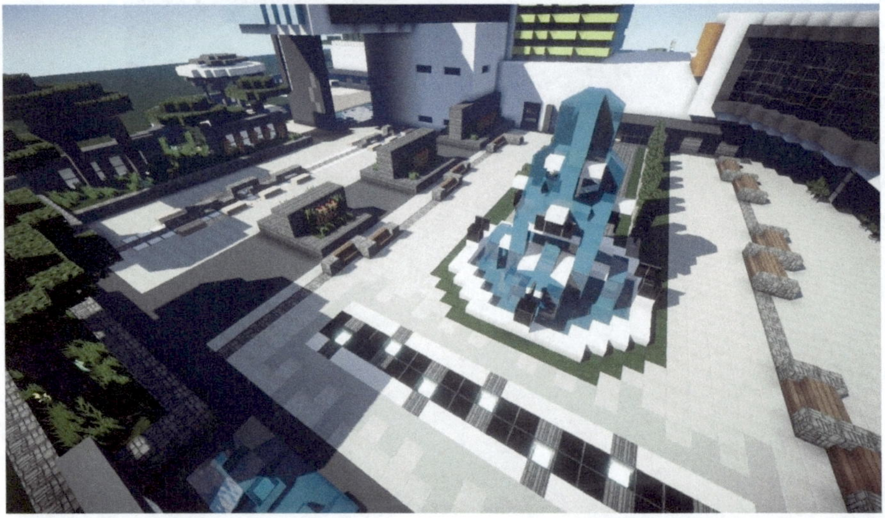

图 6-50

图 6-51

图 6-52

图 6-53

（2）道路规划

要形成现代化的城镇，需要有公路或者马路来连接每栋建筑。在 Minecraft 里我们可以用煤炭还原出柏油路的那种黑色材质。也可以根据材质包选择使用适合的颜色。为了和人行道的高度产生偏差，需要把马路铺在比地面低一格的位置。根据预期交通密度选择铺多少车道。一般四车道便可做出公路的效果，如果是小路便可使用二车道，甚至是单行车道。仔细观察现实中的马路，用相应颜色的羊毛画出各种交通标线。记得在预期交通流量较大的十字路口设立红绿灯（见图 6-54、图 6-55）。

视频：http://www.bilibili.com/video/av1542534/

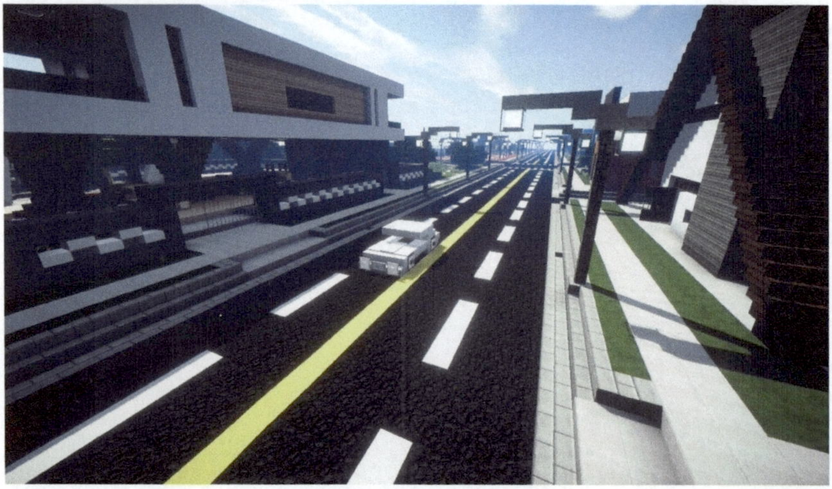

图 6-54

图 6-55

（3）公园绿化

建筑与道路规划好以后，建筑与建筑之间会出现不适宜放置建筑的空位。这些地方可以设计成小公园，作为公共设施供社区居民使用（见图 6-56、图 6-57、图 6-58）。

视频：http://www.bilibili.com/video/av1622973/

图 6-56

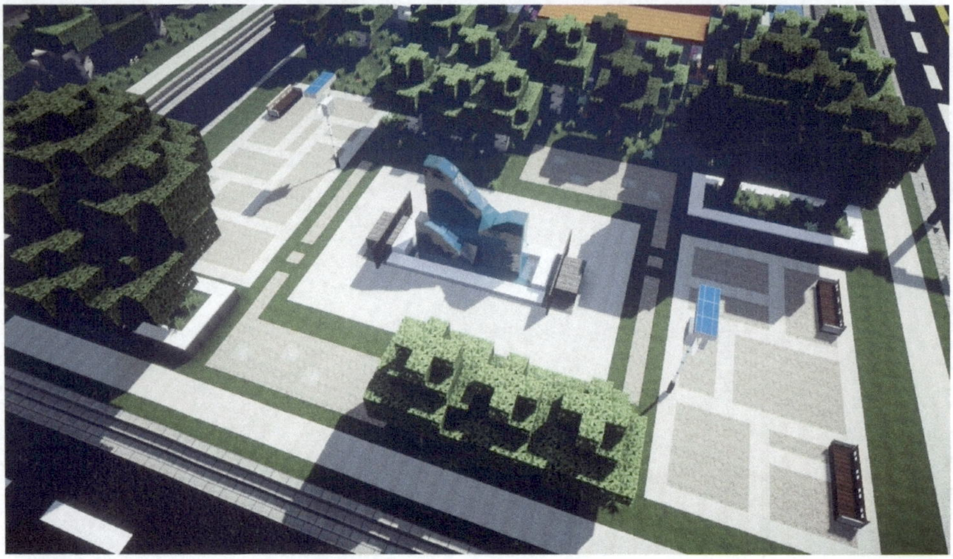

图 6-57

图 6-58

6.5 载具教学

作为本章节内容的补充，此部分会提供一些现代风格的各类载具的教学视频供大家参考与学习。

■ 大货车（见图 6-59）

视频：http://www.bilibili.com/video/av1404904/

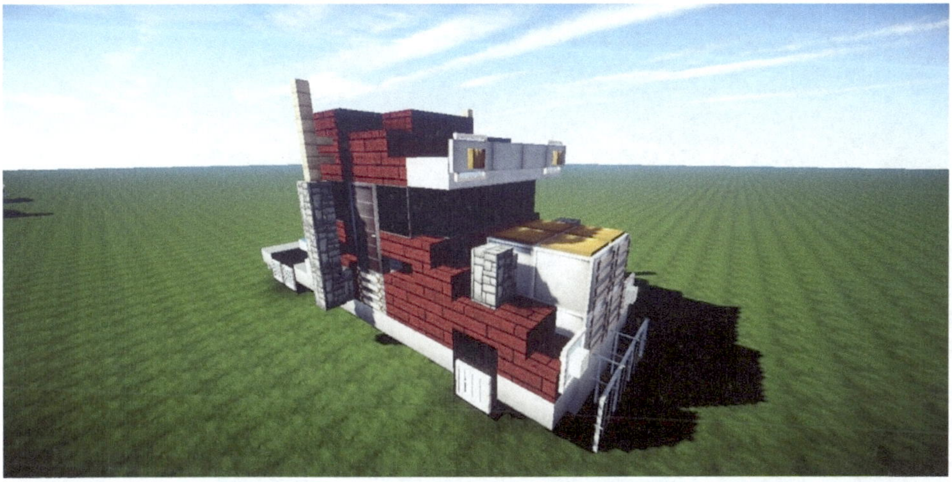

图 6-59

■ 救护车（见图 6-60）

视频：http://www.bilibili.com/video/av3508022/

图 6-60

■ 直升机（见图 6-61）

视频：http://www.bilibili.com/video/av5184209/

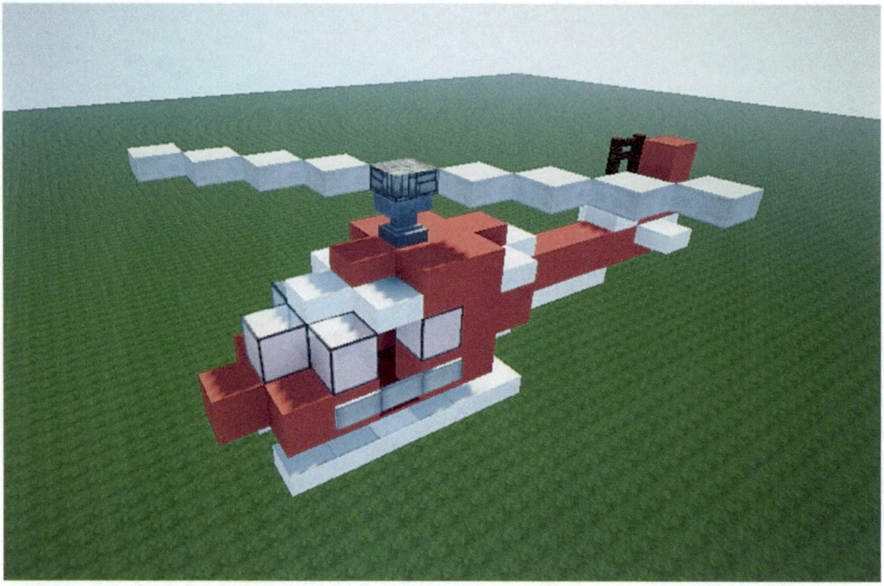

图 6-61

- 私人游艇（见图 6-62）

视频：http://www.bilibili.com/video/av1974660/

图 6-62

- 方程式赛车（见图 6-63）

视频：http://www.bilibili.com/video/av1311923/

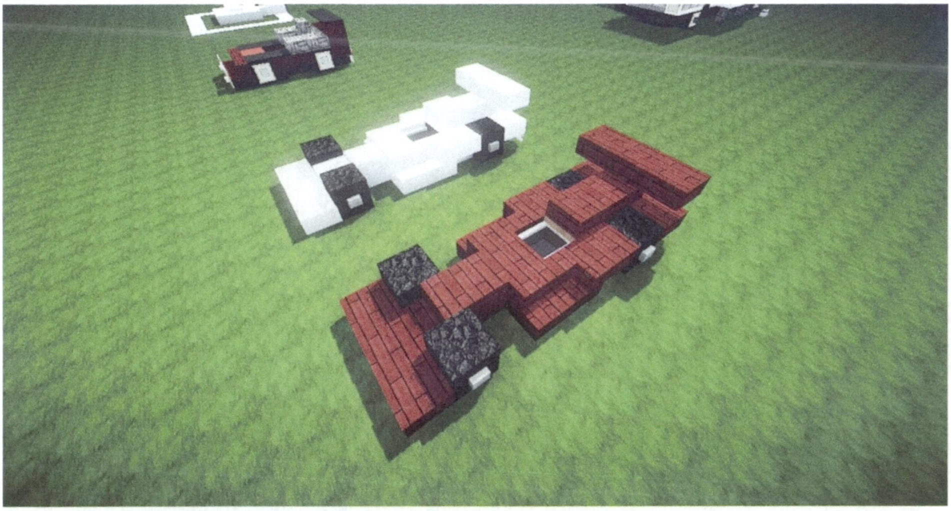

图 6-63

- 水上飞机（见图 6-64）

视频：http://www.bilibili.com/video/av2917245/

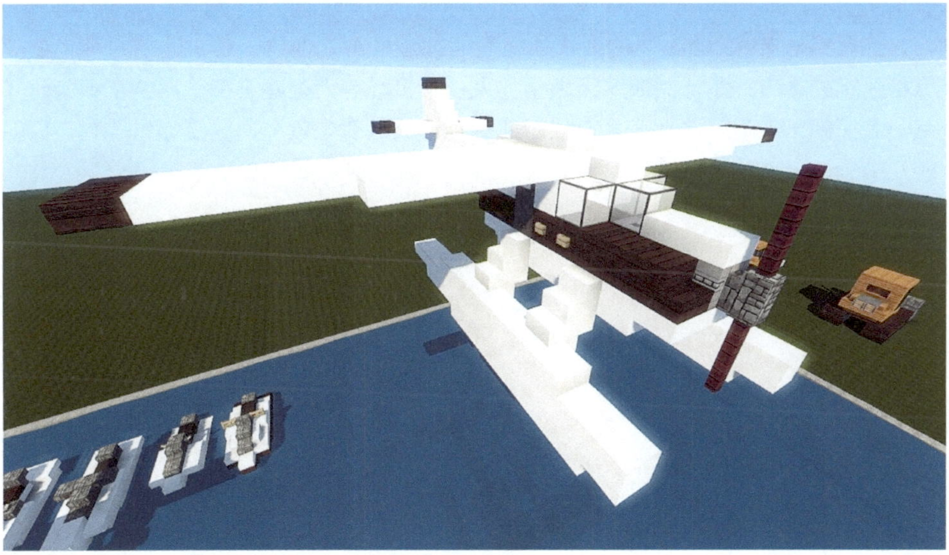

图 6-64

- 警车（见图 6-65）

视频：http://www.bilibili.com/video/av4610247/

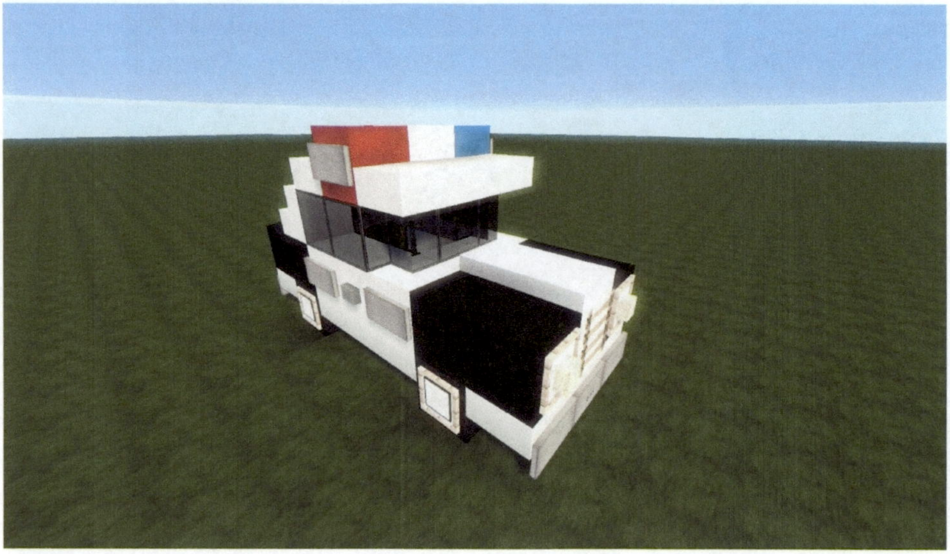

图 6-65

更多载具教学包括坦克、战斗机、挖掘机等，可查看以下链接。

视频：http://space.bilibili.com/470465/#!/channel/detail?cid=9929

通过本章学习，你已经对 Minecraft 里的现代风格有了初步了解。但这一章讲述的内容也仅仅是整个现代风格建筑的冰山一角，比如摩天大楼、大桥、机场等大型建筑都是需要在不断研究与尝试中一点一点探索出来的。总而言之，限制建筑创造的只有想象力，只要你想得到，你就可以在这款游戏中创造出来。

第7章 中式风格建筑

中式建筑指的是中国古建筑。中国古建筑在世界建筑史上有独特的地位，是中国传统文化的重要组成部分，也是世界六支原生的古老建筑体系之一。其蕴含了古人丰富的工程智慧和审美理念。中国古建筑的优美同样可以在 Minecraft 中展现出来。

7.1 中国古建筑基础特征

在创作之前，观察和思考是第一步。身边现存的中国古建筑都可以成为我们的参考。

宫殿建筑群：故宫（图 7-1）。

图 7-1

园林：颐和园（图 7-2）、狮子林（图 7-3）。

图 7-2

图 7-3

坛庙和宗教建筑：天坛（图 7–4）、雍和宫（图 7–5）、佛光寺（图 7–6）。

图 7-4

图 7-5

图 7-6

民居：四合院（图 7–7）、徽派建筑（图 7–8）。

图 7-7

图 7-8

中国古建筑各个时期的风格和结构不尽相同，同时期的形制也变化较多，我们可以把中国古建筑按照下面两种标准进行简单划分。

按时代特征分为：秦汉时期建筑、唐宋时期建筑、明清时期建筑。

按房屋造型分为：庑殿建筑、歇山建筑、硬山建筑、悬山建筑、攒尖建筑等。盔顶建筑、十字顶建筑等都是前面几种建筑类型的演化。其具体细节和形制特点因篇幅所限，不做赘述。对中国古建筑感兴趣的同学可以找到相关的书籍进行了解。

7.2 中式风格建筑制作教程

在 Minecraft 中进行中国古建筑的原创，我们可以放心大胆地去想象自己想要的建筑。除非是对某一现实中存在或者曾经存在的中国古建筑进行还原，否则不必太纠结于严格的形制。本教程亦是遵循这一理念，并未按照特定的形制进行创作，并且尽量省略复杂概念，简化制作过程，便于初学者模仿学习。

（1）庑殿建筑

庑殿建筑是中国古建筑中等级最高的建筑形式，因此多用作于宫殿、坛庙、重要门楼等高级建筑上。我们熟知的现实中最典型的庑殿建筑就是故宫的太和殿。

我们以最简单的庑殿建筑（三开间两进深）为例，先排列柱网，如图 7-9 所示。

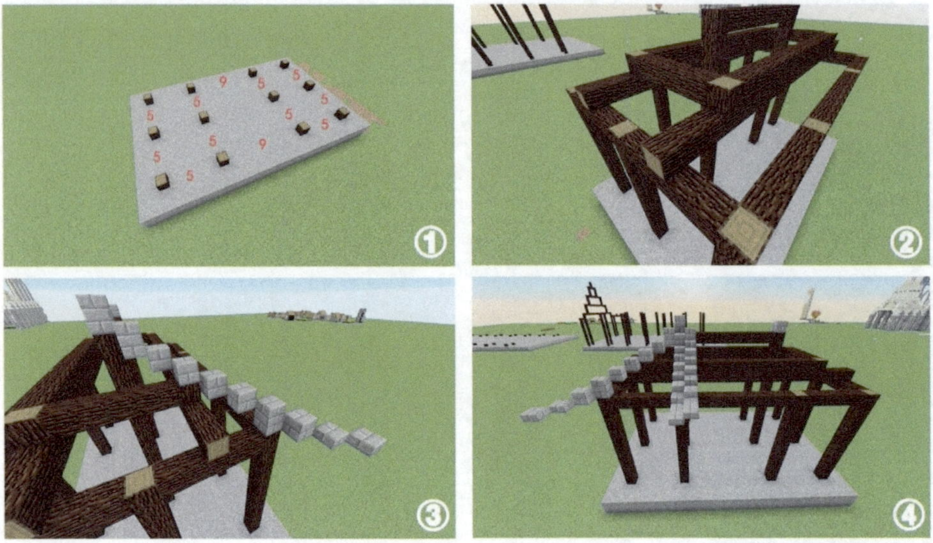

图 7-9

图 7-9 ①：深色橡木标注了柱子的位置，外侧柱间距以奇数为宜，如果是偶数会在后续的建造过程中造成很大麻烦，造成不对称。尤其是在以对称为特点的中国古建筑中，这点更要注意。这里取的柱间距图中有标注。

图 7-9 ②：接着延伸柱子并且打好木架构，这里的木架构较为简单，照图中仿作即可。

图 7-9 ③：接下来是比较关键的步骤，这一步骤直接关系到了建筑的屋顶外形，即做出垂脊的弧线，这里用石砖作为材料。

图 7-9 ④：然后是给屋顶铺瓦，这里因为建筑较小，所以就不再多余做椽子等支撑部件。做出两种高度落差的铺瓦，其中一种比另一种低半格。

然后交替铺满坡面，如图 7-10 所示。

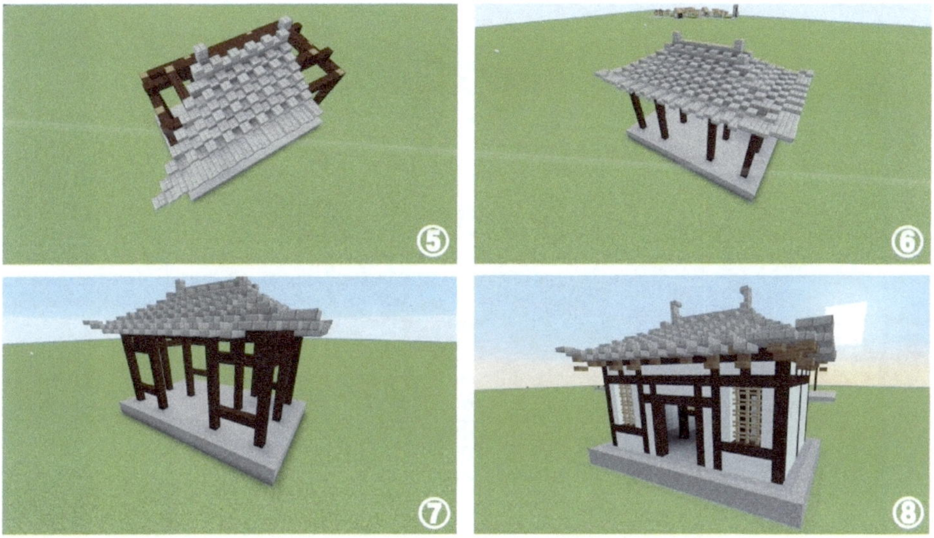

图 7-10

图 7-10 ⑤：铺满整个屋顶，如果熟练运用 World Edit 等插件，这一步骤可以很快完成。

图 7-10 ⑥：接下来给屋顶添加飞檐，让四角翘起。只需让屋顶四角的方块抬高半格或者一格就可以，注意要正面和侧面同时对称抬起。

图 7-10 ⑦：接下来就是处理墙面，我们按照图中所示做墙面就可以，最中间的一间作为门，两边预留给窗。

图 7-10 ⑧：用雪块补上墙面并用栅栏做窗子，添加斗拱使之更有支撑感并处理一下屋顶细节。

这样一个简单的庑殿建筑就完成了。

（2）硬山建筑

硬山建筑是古代汉族建筑中的一种形式。屋面仅有前后两坡，左右两侧山墙与屋面相交并将檩木梁全部封砌在山墙内的建筑叫硬山建筑。硬山建筑是汉族古建筑中最普通的形式，住宅、园林、寺庙大多采用这种形式。

硬山建筑有带斗拱和无斗栱两种做法，带斗栱硬山实例较少。我们先做出柱子和山墙，注意间距如图 7-11 所示。

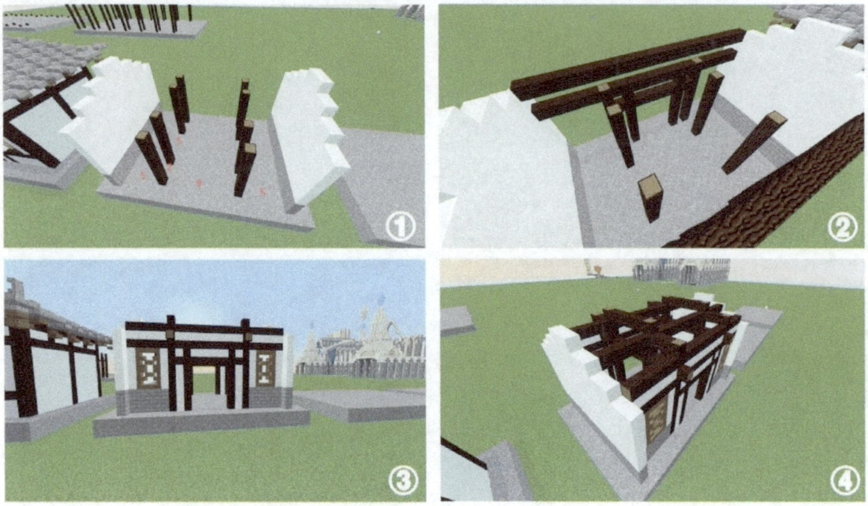

图 7-11

图 7-11 ①：这里山墙采取了两种材质混合，大家在游戏里可以尝试多种组合，并对照参考图以寻求更多更好的还原方案。

图 7-11 ②：做出脊梁，可参考图 7-11 ②和图 7-11 ④，注意木架构之间的衔接关系。

图 7-11 ③：填充墙面，窗户这里采用了橡木楼梯和台阶互相搭配的方式，大家也可以寻找更多的表现手法。

图 7-11 ④：完善木构架，建议多收集和参考现实中的建筑结构图片资料。

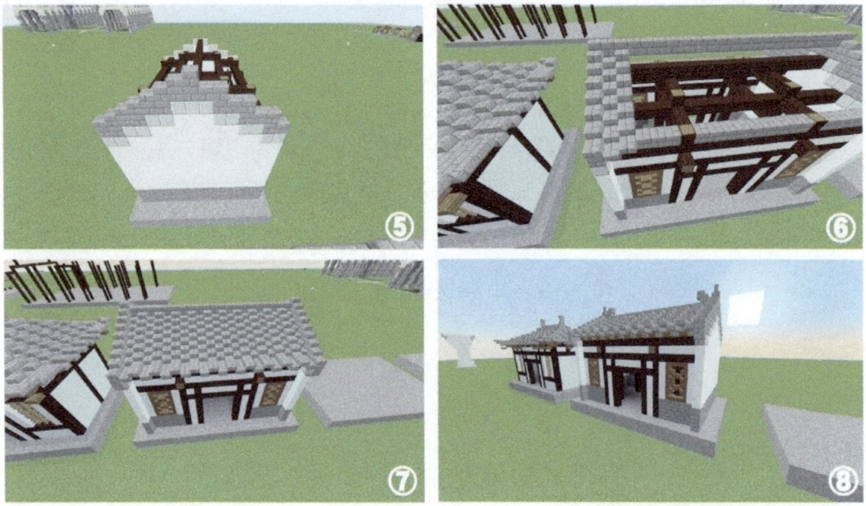

图 7-12

图 7-12 ⑤：还原硬山建筑中常出现的博风砖，这里用 1:6 磨制安山岩来表达，同时用石砖台阶来画出平滑的垂脊。

图 7-12 ⑥：用石砖连接正脊，开始铺设瓦面。

图 7-12 ⑦：瓦面铺完，加厚正脊，用楼梯修缮山墙衔接处。

图 7-12 ⑧：用橡木台阶表达外露的椽子，用原石墙、石砖楼梯、石砖台阶还原吻兽，这样一栋简单的硬山建筑便完成了。

（3）悬山建筑

悬山是古代汉族建筑屋顶形式的一种。屋面有前后两坡，而且两山屋面悬于山墙或山面屋架之外的建筑，称为悬山（亦称“挑山”）式建筑。悬山建筑稍间的檩木不是包砌在山墙之内，而是挑出山墙之外，挑出的部分称为“天翔”，这是它区别于硬山的主要特点，是显示汉族文化特色的标志性建筑。

以建筑外形及屋面做法分类，悬山建筑可分为大屋脊悬山和卷棚悬山两种。这里还原的是大屋脊悬山，山墙采用的是五花山墙。

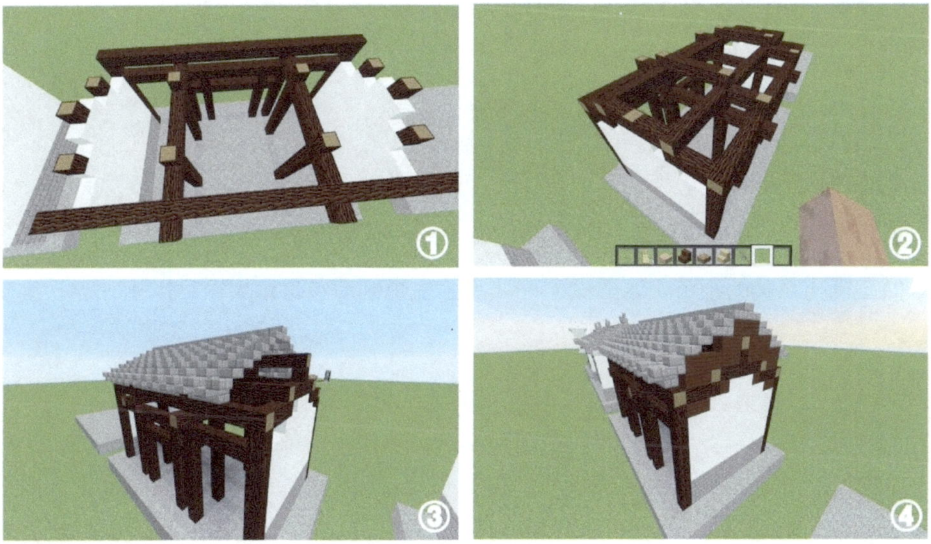

图 7-13

图 7-13 ①：和硬山建筑一样，我们先做出山墙和柱子。这里考虑插到后面的细节还原，注意山墙上面放的云杉木的位置还有山墙每一层的宽度。

图 7-13 ②：按照之前放好云杉木的位置，搭上屋脊和横梁。

图 7-13 ③：铺设屋瓦，注意方块之间的间隔和位置关系。

图 7-13 ④：用深色橡木板填充山墙空隙。

图 7-14

图 7-14 ⑤：用石砖台阶还原垂脊，用丛林木台阶还原博风板。

图 7-14 ⑥：用按钮还原梅花钉，用石砖台阶还原排山勾滴。

图 7-14 ⑦：填充墙面，这里尝试用木门和活板门做窗户，也替换了一些节材质。

图 7-14 ⑧：做出椽子之类的细节，这里做了一块牌匾提供细节参考，大家可以增加自己喜欢的细节。

（4）歇山建筑

歇山顶即歇山式屋顶，宋朝称九脊殿、曹殿或厦两头造，清朝改今称，又名九脊顶。为古代汉族建筑屋顶样式之一，在规格上仅次于庑殿顶。歇山顶有传入东亚其他地区，日本称之为入母屋造。

歇山顶的出现晚于庑殿顶，其样式最早可见于汉阙石刻，在汉代的明器、北朝石窟的壁画上，也可看到歇山顶。现存最早的歇山式建筑是五台山的唐代南禅寺大殿。

到了宋、元时期，歇山顶已经大为流行，一些建筑物的单檐庑殿式主殿开始改为重檐歇山式，明代时重檐歇山更被运用到殿宇建筑之中，超越单檐庑殿，成为仅次于重檐庑殿的最高等级建筑样式。

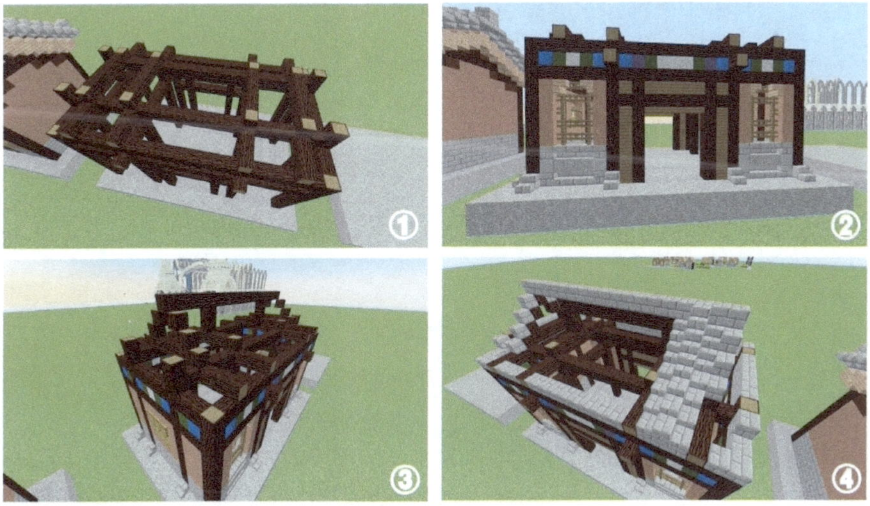

图 7-15

图 7-15 ①：这里的木构架与之前相似，为了能够表达歇山的山花面，增加了横梁结构，同时加高了屋顶，可以对比之前所提到的木架构来学习。

图 7-15 ②：相比较之前的墙面，这里增加了更多细节，参考了一些寺庙建筑，尝试用多种方块组合来表现彩绘，对细节的把握对于建筑整体的美感起到了至关重要的作用。

图 7-15 ③：完善木架构，这里用云杉木对角线放置来表现角梁。

图 7-15 ④：开始铺设屋瓦，注意这里用到了石砖楼梯和石砖台阶来表现建筑瓦面的弧度。

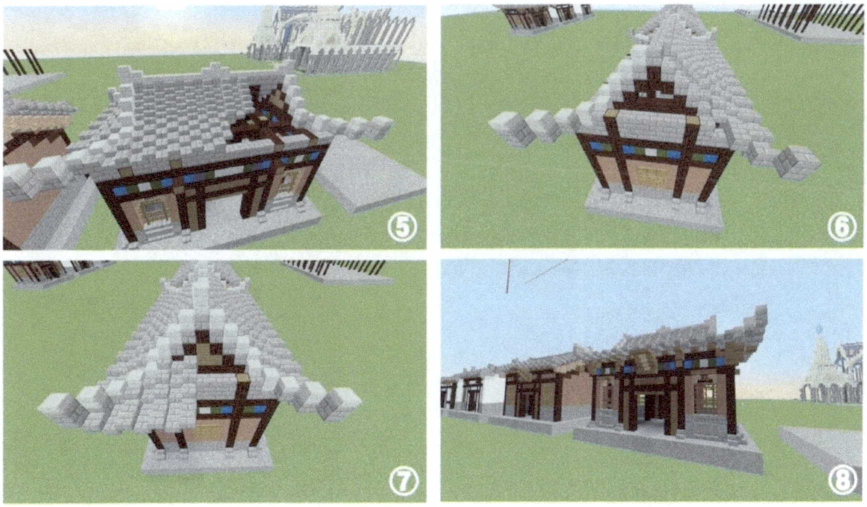

图 7-16

图 7-16 ⑤：这里用到了石台阶来修饰建筑的脊线，同时增加了整体美感。

图 7-16 ⑥：可以通过对比两侧垂脊来了解石台阶和石砖台阶之间的关系，以及垂脊的弧度表现。

图 7-16 ⑦：填充山花板，继续铺设屋瓦，露出三角形的山花板区域。

图 7-16 ⑧：增加斗拱、椽子之类的细节，至此一栋精美的歇山建筑就完成了。

（5）攒尖建筑

建筑物的屋面在顶部交汇为一点形成尖顶，这种建筑叫攒尖建筑，其屋顶叫攒尖顶。攒尖式屋顶，宋朝时称“撮尖”、“斗尖”，清朝时称“攒尖”，是古代汉族传统建筑的一种屋顶样式，日语称“宝形造”。其特点是屋顶为锥形，没有正脊，顶部集中于一点即宝顶，该顶常用于亭、榭、阁和塔等建筑。在日本则常用于茶室。在宫殿、坛庙中有着大量的攒尖建筑，如北京故宫的中和殿、交泰殿，北京国子监的辟雍，北海小西天的观音殿，都是四角攒尖宫殿式建筑。而天坛祈年殿、皇穹宇则是典型的圆形攒尖坛庙建筑。在全国其他地方的坛庙园林中，也有大量的攒尖建筑。

这里以一个简单的小亭子为例：

图 7-17

图 7-17 ①：在正方形的四角分布柱子，完善基座。

图 7-17 ②：先连接柱子之间两层，表现檐枋和井子梁，云杉木斜着做一个方框，还原抹角梁。

图 7-17 ③：在上方增加一个井子架。

图 7-17 ④：顺着对角线，斜着连接三角形，用来表现角梁。

图 7-18

图 7-18 ⑤：用云杉木板垫高，上面用石台阶画出垂脊。

图 7-18 ⑥：铺设屋瓦，因为亭子比较小，这里以石砖和楼梯交替使用，表达瓦的质感。

图 7-18 ⑦：灵活运用石砖台阶和石台阶画出屋顶的脊线，四角微微翘起。同时用原石墙和錾石砖表达宝顶。

图 7-18 ⑧：增加斗拱、椽子、楣子之类的细节，灵活使用各种楼梯和台阶的搭配。至此一座精美的小亭子就做好了。

以上是中式建筑当中常见的几种顶的做法，在熟练掌握之后可以尝试扩大尺寸，建议大家多观察身边的古建筑。如果对Minecraft中的古建筑很有兴趣，那么可以阅读一些古建筑相关的书籍，会对提高建筑水平和审美水平有很大的帮助。

第8章
中式宫殿和园林

第 7 章主要示范了几种中式建筑的基础建法，本章将重点介绍 Minecraft 中国古建筑群的整体规划和环境设计。

8.1 宫殿建筑群

（1）现实中的宫殿建筑群

在中国古建筑群中最具有代表性的就是宫殿建筑群。古代的宫殿都可以成为还原和创作的参考。其规划有明显的特点和规律，我们可以拿出其中的一些案例来进行分析和参考。

大明宫，见图 8-1、图 8-2。

图 8-1

图 8-2

故宫，见图 8-3、图 8-4、图 8-5。

图 8-3

图 8-4

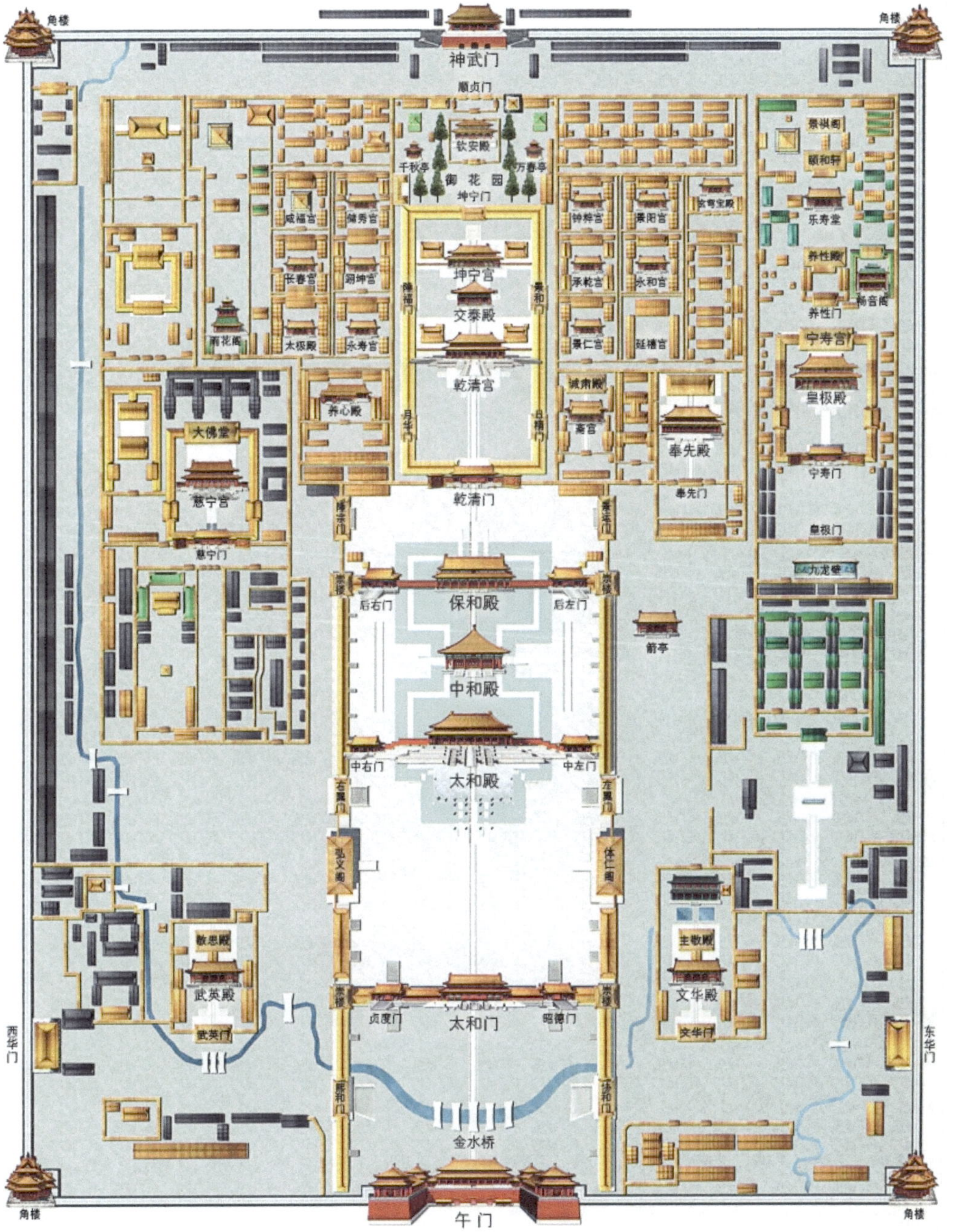

图 8-5

通过观察图 8-5，可以知道中式宫殿建筑有以下几个明显的特点。

对称性：宫殿群沿着中轴线对称，这是宫殿建筑群的一个很重要的特点。从最南端的午门到最北端的神武门可以连成一线，即紫禁城的中轴线。

整体格局：前朝后寝，三朝五门，左祖右神，前宫后苑。宫殿是皇帝日常起居和办公的综合场所，因此有了前朝后寝的分布格局。有朝见百官、处理政事功能的建筑往往处在中轴线的南端，中轴线的北端是生活化的建筑，比如寝宫和花园。离中轴线较远的北端东西两侧是皇族生活起居的地方。南端东西两侧是办理政务的相关机构，以及祭祖、祭神等建筑。

在图 8-5 中，太和殿以及南端东西两侧的武英殿、文华殿等都属于朝觐建筑。而北端的乾清宫、坤宁宫、养心殿等属于寝宫，即前朝后寝的格局。御花园在中轴线最北的位置，在所有宫殿的后面，符合前宫后苑的格局。

等级分明：宫殿建筑群的等级划分较为分明，其建筑等级可以按照房屋造型来划分，由高到低分为庑殿、歇山、悬山和硬山。

以故宫为例，太和殿为重檐庑殿造型，等级最高。其次是乾清宫等重檐造型的大殿，等级更次之的是中轴线两侧的悬山、硬山建筑群。

了解这些基础知识，对我们在 Minecraft 中的创作会有很大帮助。

8.2 中国古典园林

中国古典园林大致分为以下四类。

（1）皇家园林

皇家园林历史源远流长，从秦汉时期到清代，皇家园林逐步发展到顶峰，经历了三千多年的历程，代表了同时期园林艺术的最高水平。典型的皇家园林有汉代的上林苑、宋代的艮岳、清代的圆明园、颐和园、避暑山庄等。

（2）私家园林

私家园林的拥有者往往是商贾或者文人官宦，其规模要逊于皇家园林。比如留园、拙政园、狮子林等都属于私家园林。私家园林在南方的发展要好于北方，其中以苏州园林艺术成就为最高。

（3）自然园林

自然园林往往是利用天然山水的局部作为建园选址，配以周围环境，构筑园林建筑，然后经过人工开发成为公共游览型的景观园林，比如杭州西湖、济南大明湖。

（4）宗教园林

古代的佛寺、道观等宗教建筑群多建在自然风光优美的地方，因此很多寺观建筑本身就是具有园林性质的景观，比如峨眉山万年寺。

8.3 经典作品解析

（1）宫殿建筑群

以国内 EpicWork 团队的宫殿建筑群作品《千年帝都——洛阳》为例，结合作品来分析创作思路。

图 8-6、图 8-7 分别是洛阳皇城的俯视平面图和全景渲染，配合观察，可以有更直观的感受。

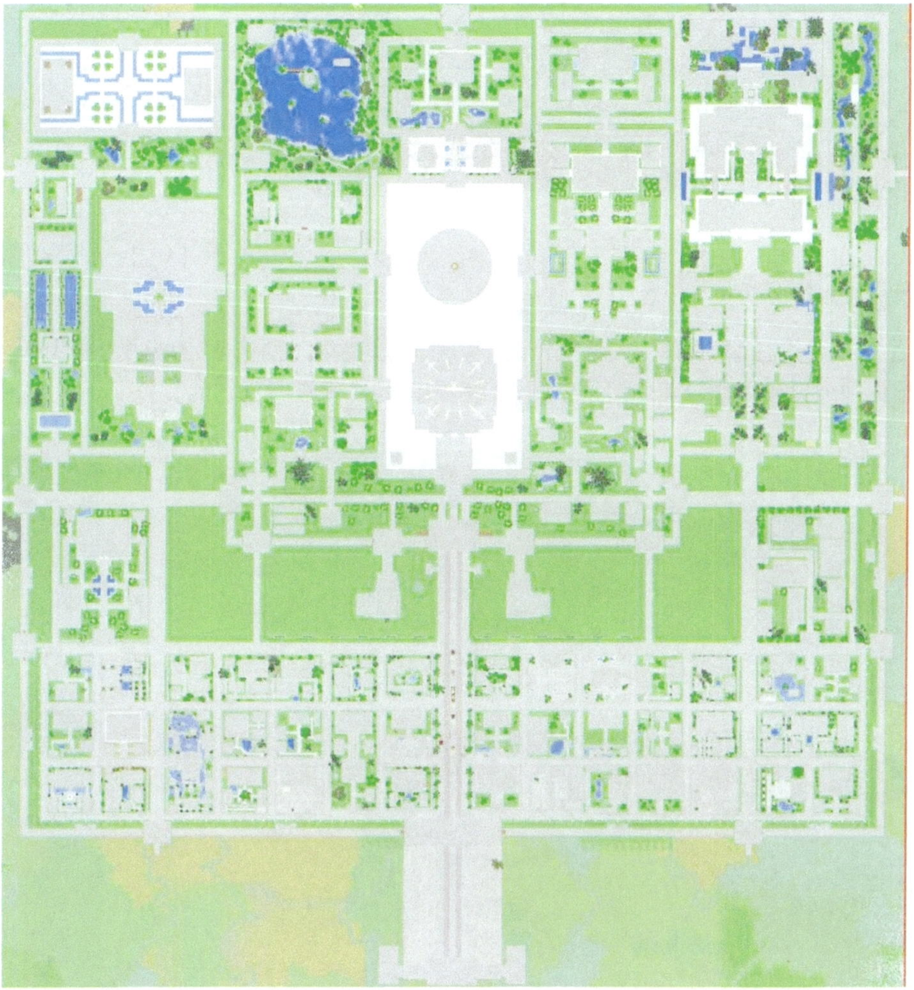

图 8-6

图 8-7

接下来我们进行更细致的分析。

请看图 8–8 作品中的两个主体建筑——明堂、天堂。他们是武周时期洛阳宫城的主要大殿。作品并非毫无根据地还原或创作，其仍然是依照古代宫殿的特点来进行规划的。

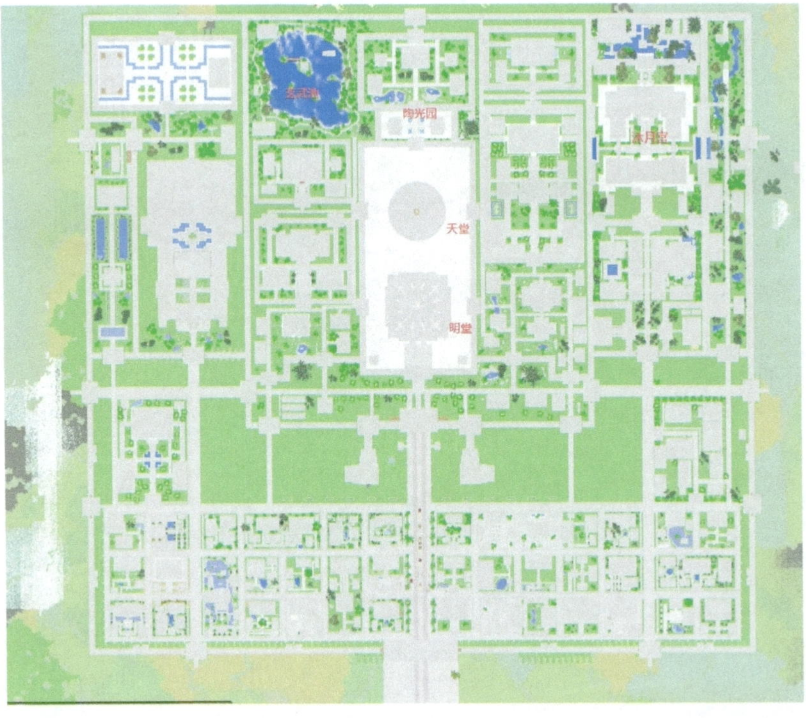

图 8-8

洛阳皇城整体按中轴线对称，位于中轴线的是明堂、天堂两个主体建筑，也是作品的核心。其后面是玄武池和陶光园，符合前宫后苑的格局。中轴线两侧是居住用的宫殿，如图 8-8 中标注的沐月宫，几乎符合中国古代宫殿建筑群的所有特点，在规划方面比较典型。

因此，我们可以在进行大型中式宫殿施工前，利用画图工具进行简单规划，规划出需要的所有宫殿建筑。以下是常见步骤：

第一步，规划出宫殿大致区域和外轮廓。

图 8-9 展示了一种较为可行的宫殿规划方案。首先我们可以参照故宫或者其他皇城的规划，用黑线规划出宫殿的内外墙并在内部做出分割，用黑色长方体规划出连接各个区域的宫门。紫色虚线是整个宫殿建筑群的大中轴线，需要标注。

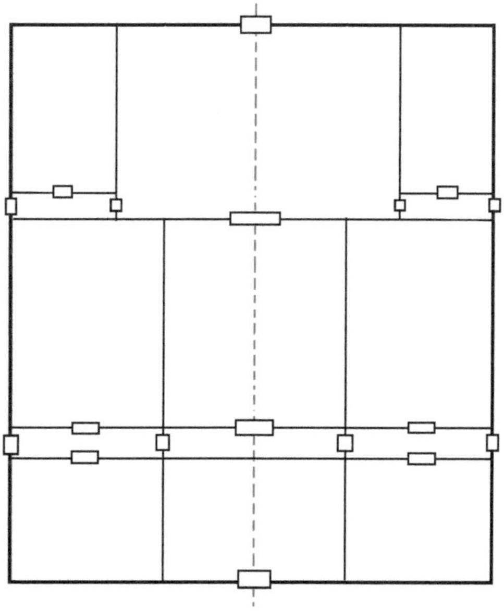

图 8-9

第二步，规划出宫殿各个区域的大致功用并标注说明。图 8-10 中按照上文所说的宫殿建筑群的规律进行了简单标注。

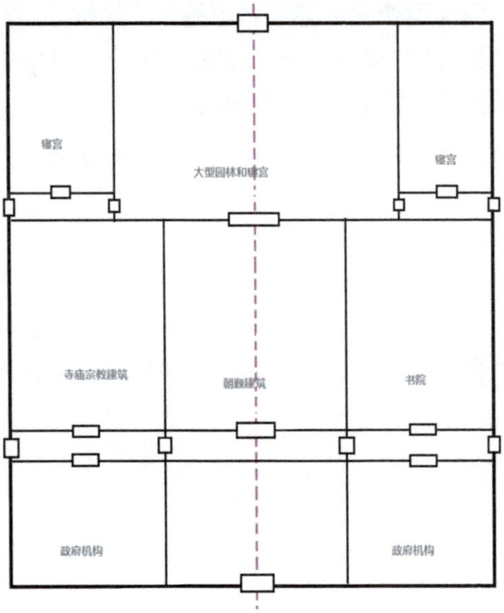

图 8-10

第三步，规划出具体建筑的轮廓和位置。根据第二步的标注对建筑进行大致安排规划，用红色方框规划出每个区域的建筑轮廓，如图 8–11。同时用紫色虚线标出各个区域的中轴线。顺便对宫墙宫门部分简单修改和添加，以顺应新的规划。

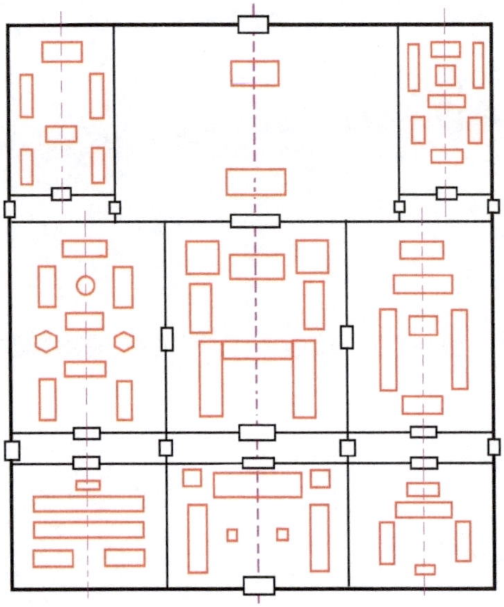

图 8-11

第四步，规划出绿化和水面部分。这一步主要是对宫殿区域内的绿化进行标注，并且对花园部分进行规划。可以参照图 8-12 的示例进行规划，绿色代表草地树木绿化部分，蓝色代表水面。花园部分可以根据实际规划添加一些桥的位置和小型建筑。

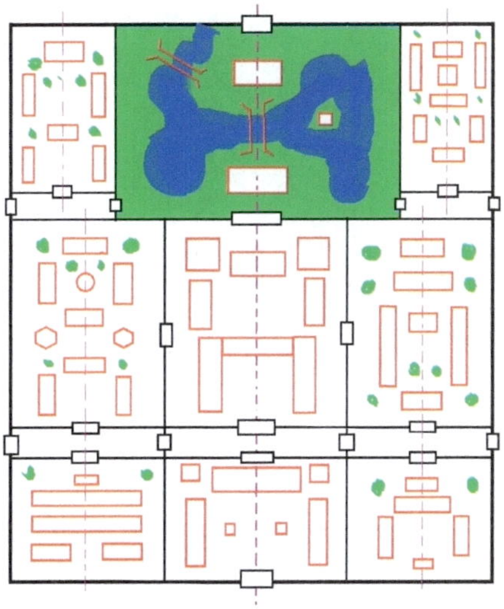

图 8-12

第五步，细化调整，确定比例。整体检查一下规划图，优化以上步骤的各个部分，然后确定整体宫殿的面积。根据总面积，推算出各个建筑的大小并记录。

完成以上五步后，简单的规划图就完成了。在 Minecraft 中，我们只需要按照规划图进行建筑就可以了。

（2）园林

以 EpicWork 的圆明园工程为例，解析皇家园林题材在 Minecraft 中的创作思路。关于江南园林等其他类型园林的规划方法，其内容较为细碎专业，想学习的朋友请参照相关科普书籍，由于篇幅有限这里不做赘述。本节只展示皇家园林的大致规律特点，以“顺利做出较为可行的皇家园林规划”为目标。

图 8-13 为圆明园全景，面积巨大、景观众多。

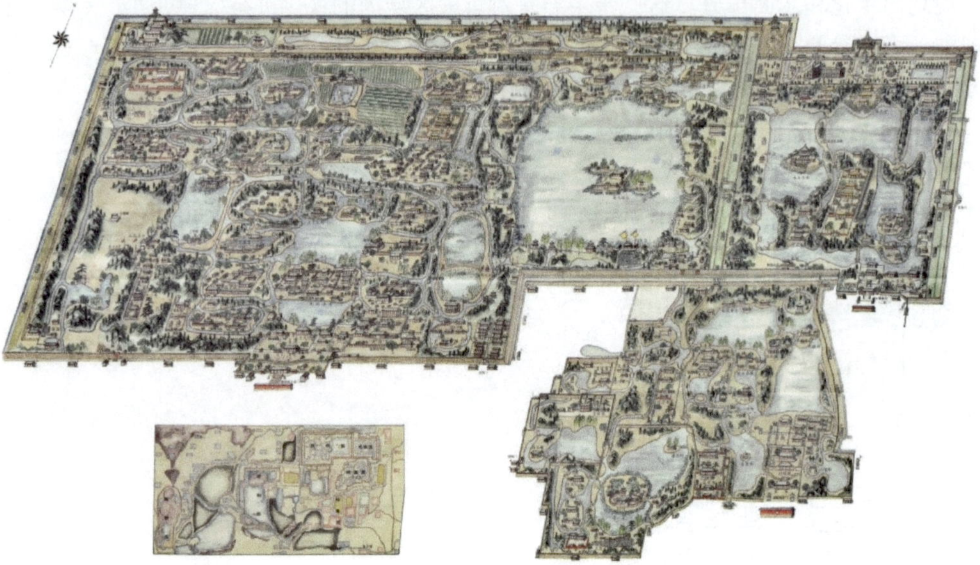

图 8-13

圆明园是典型的皇家园林，其相较江南园林布局更为大气，圆明园最典型的特点是每个单独景观自成一景，景观和景观之间亦可成为一个大景观，比如圆明园的九州景区就利用了这一设计：九岛各自成为不同风格、不同功用的景观。九岛连同后湖一起，作为一个大景观存在。

在图 8-14 中就揭示了这种典型规律，可以看到图中的九个岛上有不同的景观，彼此有水系相隔，各个景观之间的差异也比较大。比如“九州清晏”是居住的寝宫区域，偏向起居功能。“碧桐书院”一景顾名思义偏向于读书、办公场所，而“慈云普护”则是完全的宗教景观，设有佛堂和钟楼。他们各自之间有不同的景观特点，可以说是自成一景。但九个岛整体又可算作一个大型组合景观，这个组合景观的特点可见图 8-15。

图 8-14

作品中另一个重要工作是对皇家园林中“一池三山”的经典设计进行了还原。“一池三山”是中国古代宫殿建筑中常见的规划形式。通常表现为在一片水域中布置三座岛屿：蓬莱、方丈、瀛洲。

图 8-16 为圆明园工程中蓬岛瑶台的俯视平面图，图 8-17 为游戏内的光影效果图。

图 8-15

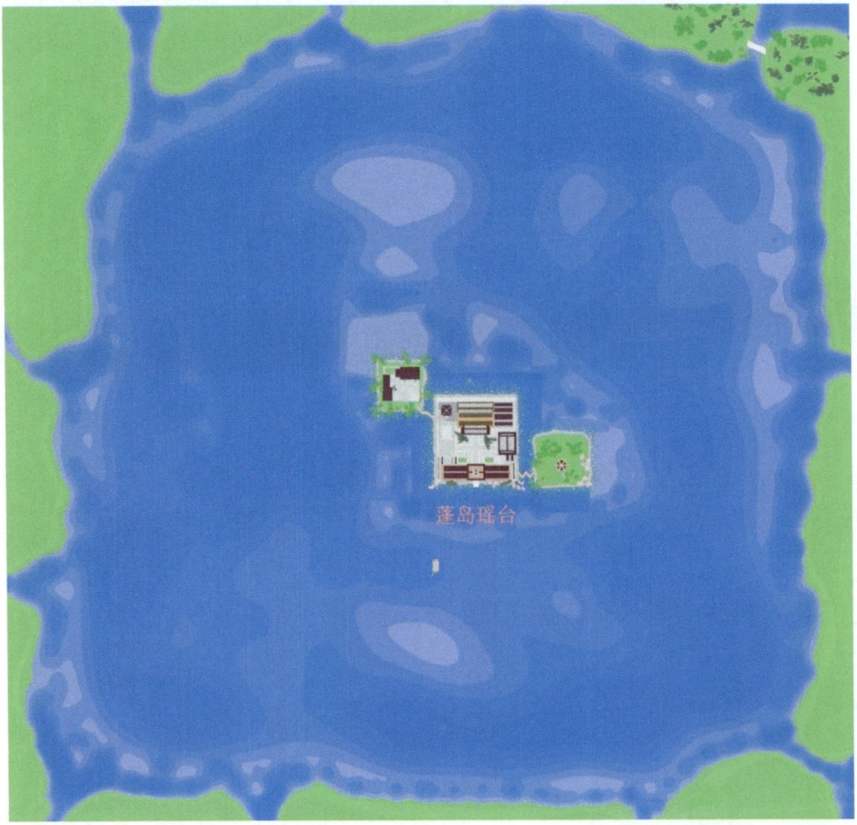

图 8-16

图 8-17

根据上一节规划宫殿的经验，我们可以画出类似的规划图以此设计一个虚构的皇家园林。步骤与规划宫殿近似，但园林规划要自由很多，没有非常严格的整体对称要求，但要在各个景观的位置规划上下一些功夫。唯一不一样的是我们需要事先规划好地形和水系。

第一步，规划水系和地形。见图 8-18，用绿色做整体背景，强调绿化。用黑色线条标注皇家园林的界限。因此在建筑完成之后，我们可以在所有绿色部分自由地做绿化设计。蓝色代表水系，土黄色代表隆起的土山，上面可以添加树木植物。在规划中还加入了一池三山的格局。

图 8-18

第二步，标注建筑和桥梁。在园林中我们可以相对自由地规划建筑位置（以红色方框代表），在岛屿和其他陆地间架起桥梁（以红色粗线条代表）。园林的大门也用黑色方框表示出来，见图 8-19。

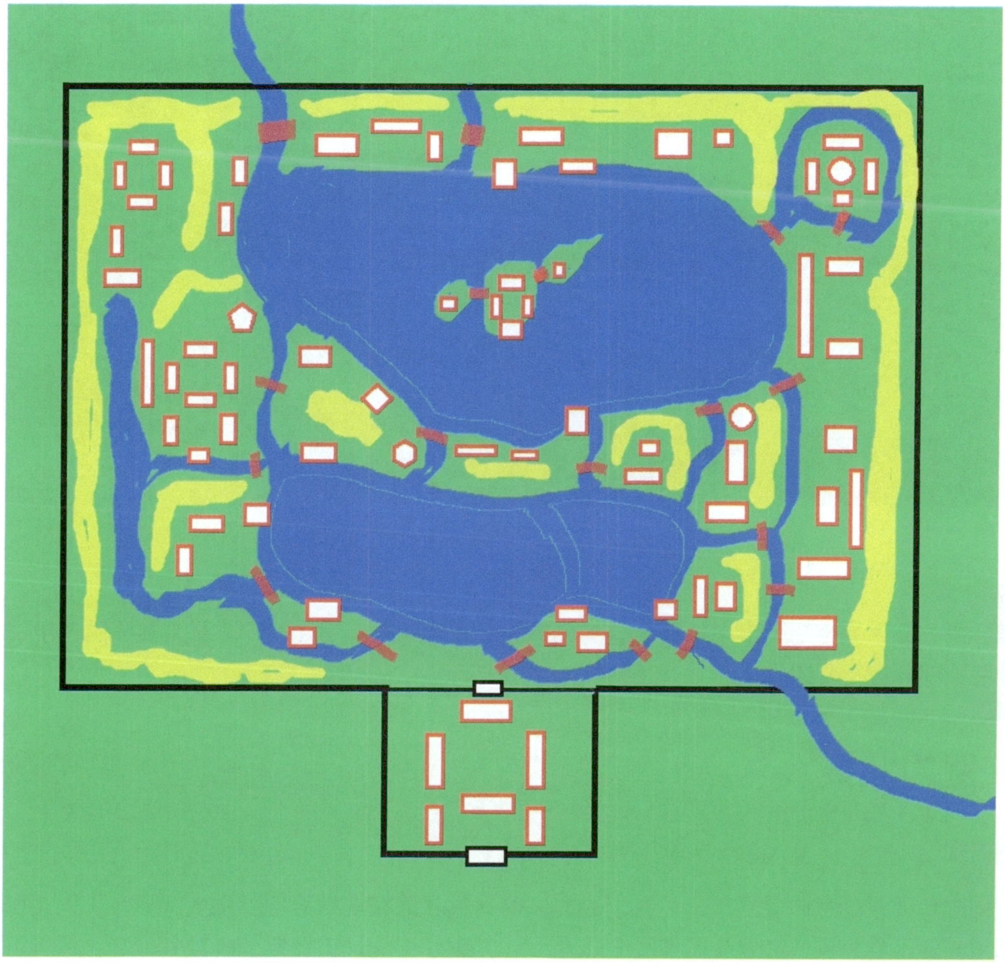

图 8-19

第三步，细化调整，确定比例。主要是对第二步进行调整优化，明确各个建筑的位置，确定地图尺寸。

完成这些步骤，就可以以此为蓝图，在 Minecraft 中进行中式皇家园林的建造了。以上就是第 8 章的全部内容。在下一章，我们会对中国古代建筑内外装饰、家具、院落格局等进行讲解。

第9章 中国古代建筑风格拓展

第 7 章、第 8 章主要介绍了中国古代建筑的具体做法和建筑群规划思路，本章主要着眼于中式风格的装饰部分进行介绍。

9.1 室内装饰

（1）室内规划

关于中国古代建筑的室内规划部分，我们会提供简单的思路和规划案例以供大家参考。以圆明园九州清晏殿工程为例，其俯视图如图 9-1 所示。其进门中间是安置宝座的较大厅堂，两侧为起居空间包含书房和卧室，殿后部有一个小的厅堂，陈列有博古架等室内家具。室内规划可以按照这个规律进行安排，把卧室安排在房屋的两侧空间内，正面厅堂作为日常起居所用，安排桌椅等通常陈设。

图 9-1

（2）家具

家具部分要根据建筑风格进行专门研发，包括罗汉床、博古架、书案等，以及一些小的陈设，比如瓶子、室内盆景、灯架等（见图 9-2）。

图 9-2

图 9-3 展示的是一个简单的用木板、栅栏、羊毛拼接而成的床，具有中式特色。图 9-4 则展示了用盔甲架搭建的室内小型物件陈设，要做到这样的效果需要在服务器中加入 astool 插件。

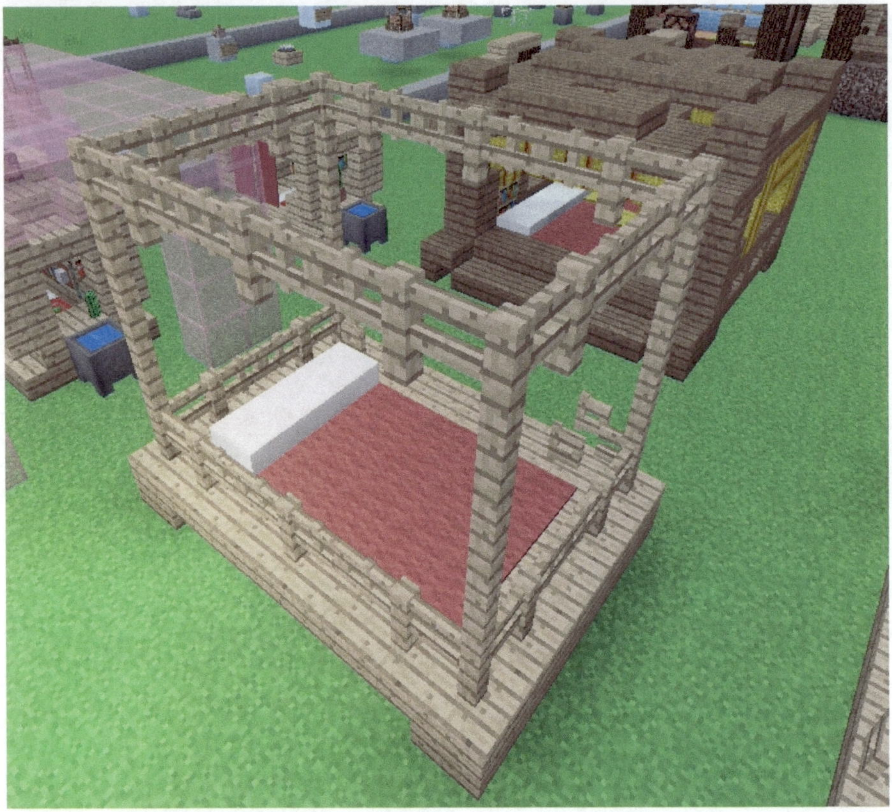

图 9-3

图 9-4

9.2 室外装饰

（1）门窗

门窗是建筑立体墙面最显眼、最有特征的部分，建筑的外观特点很大程度上受此影响。图 9–5 列举了几种中式建筑的窗户方案，大家可以模仿学习。

图 9-5

（2）院落

图 9–6 中的中式院落是较为常见的一种，其院落整体沿房屋中轴线对称，院内有树，两侧有回廊连接。

图 9-6

图 9-7 中的院落则更为典型，两侧有回廊的同时还有东西两侧的厢房，院落最南是穿堂式的厅堂。厅堂正北为正房。这些元素构成了典型的四合院布局。

图 9-7

以上就是对中式建筑拓展部分的内容，下一章则以 EpicWork 团队的圆明园工程为案例，介绍大型团队工程实施过程中的各个方面。

第10章 大型中国古建团队工程实例

本章以 EpicWork 团队创作的《万园之园——圆明园》为例，剖析大型工程团队的实施流程。列举了很多大型工程实施过程中出现的问题和需要注意的细节，以便大家参考，实现和伙伴们一起完成大型工程的梦想。图 10-1 为圆明园全景图。

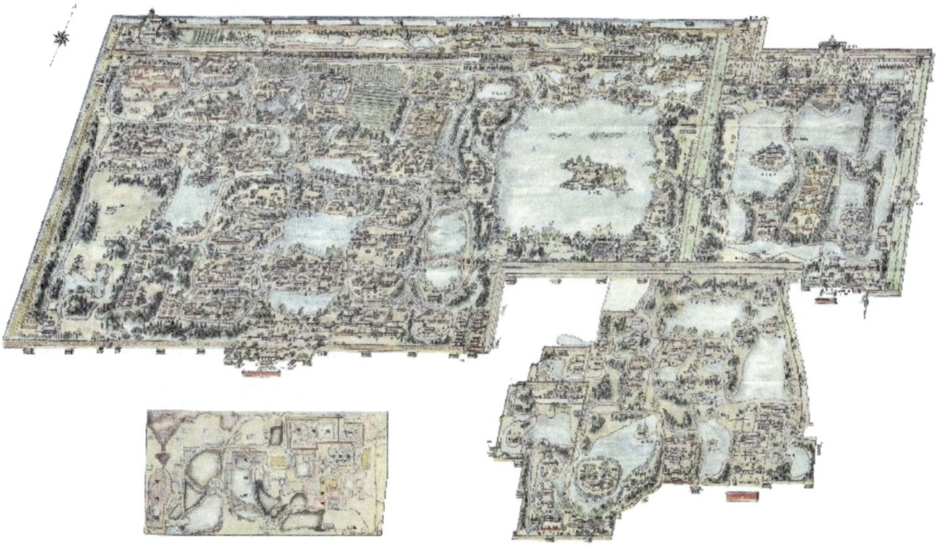

图 10-1

10.1 工程分析

该工程以现实中的圆明园为题材，在 Minecraft 中实现还原工程，最大程度上注重还原的准确性。因此在工程的前期准备上，要求有较为准确的现实资料进行参考。另外，此工程要求对中国古代皇家园林有一定了解，因此还要查阅相关书籍。

圆明园总面积 350 公顷，面积巨大，山形水系复杂，需要在规划过程中设置合适的房屋大小比例，并进行施工规划。如此之大的面积，分区完成较为可行，因此要在规划阶段完成这一任务。

还要对工程的展示视频的制作进行研究，这要求对本题材的历史和建筑本身有了解。

10.2 资料准备

（1）实地考察

在圆明园进行实地考察并搜集相关资料，包括实地的照片、景区地图等都可以作为较为可信的参考资料。重要的是可以体会圆明园的园林气息，实地查看园区环境，感受植被的布置和类型。

（2）参考资料

购买参考圆明园样式的相关书籍，搜集并整理各个景观的可视化图片及平面图，将其分类整理。搜集各个景观的文字资料和影像资料。圆明园在 2006 年有一部同名纪录片有很大的借鉴参考价值，纪录片中的场景复原十分可信。还有四十景图、圆明园全景图等，都是很重要的参考资料。

10.3 规划设计

在规划设计阶段，主要利用已有的资料确定各个工期需要完成的区域。经研究，圆明园一期需要完成包括九州景区和西洋楼在内的部分，还要完成正大光明、买卖街、舍卫城等大型景观。剩下的景观留到二、三期建造。

同时确定建筑比例。圆明园属于园林，更强调身临其境的感受。考虑到地图完成之后要进行后期开发，因此确定以游戏中人物的高度为基准进行建造。之后根据圆明园全景图和确定的比例，完成整个圆明园的地图绘制。这需要用到 WorldPainter 等专用绘制软件。

图 10-2 对具体景观已经进行了标注，地图绘制和施工进度都可以依赖此图来进行。

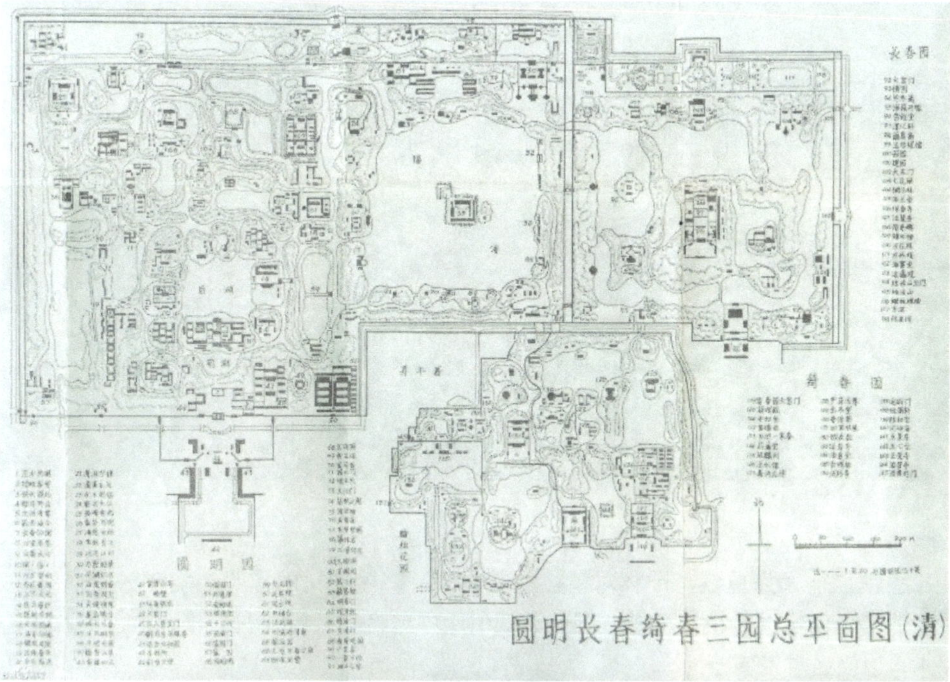

图 10-2

10.4 研发创作

研发是大型团队创作流程中的重要一环，这一步的结果会直接影响施工效率以及最后的展示效果。为提高施工效率，要对整个工程进行模块化拆解和统一标准制定、专用材质研发等。

（1）建筑库和树库

建筑库和树库是提高建筑效率的重要手段，预先在建筑库和树库中建造一些模板化的建筑和树木，可以最大限度地对建筑进行重复利用，以及快速绿化，提高施工效率。便于任何施工人员从库中取材。

圆明园中的建筑大部分以悬山、硬山、卷棚歇山为主。因此应在建筑库中准备各种尺寸的悬山、硬山、卷棚歇山建筑。图 10-3 即为圆明园的建筑库，依赖 WorldEdit 等插件，可以快速把这类模板拓展成一个完整的建筑。

图 10-3

树库在这个工程中显得尤为重要，园林对植被的要求较高，植物树木按照类型在树库中排好，根据各个景观的实际情况进行植被覆盖。圆明园的树库中包括柳、松、柏、梅、桃、梨、银杏等十几种树木，以及各种花卉。

图 10-4 展示了圆明园树库，这些树布置于网格中分门别类放好，便于查找使用。这些植物共同构成了圆明园的植物景观部分。他们收录在树库中可重复使用。这些植物的原型是根据圆明园四十景图以及实地照片中的植物进行模仿设计和还原的。

图 10-4

同理也可以建立小型的内饰库，收录常用的室内装饰方案，包括桌椅、中式床、罗汉床、中式厨房等专用装饰。

（2）专用材质研发

我们对圆明园的景观进行分析，发现圆明园的风格较为华丽，有各种颜色的琉璃，建筑的配色以红绿为主。如果用原版材质，则会显得较为单调，缺少表现力，因此要进行专用的材质研发。

在圆明园的材质中，牺牲了金合欢、深色橡木等木板的材质，改为了黄色琉璃、蓝色琉璃等琉璃材质，以及建筑墙面用的红色木板、绿色木板。对绿色和红色黏土进行了修改，改为有光泽的对应颜色柱子。

圆明园材质的使用效果见图 10-5。材质研发完成后，所有施工人员要在专用材质包的前提下进行建筑研发。这样有较为统一的研发成果，保证作品的一体性。

图 10-5

材质包的研发工作至少要一位美术能力较强的成员来担任，由工程总负责人提出材质修改的具体需求。

（3）统一标准制定

这一步是保证团队作品一体性的重要环节，我们肯定不想做出来的作品的各个部分差异巨大，一看就是不同建筑者的作品。因此要对作品的各个重要标准进行统一控制。

在团队建筑作品中经常统一的几个标准（提供参考）包括：建筑分类、多层建筑物单层的高度、建筑物的最大宽度、建筑最大高度、某一区域的建筑风格、道路宽度等。

以上细节在圆明园工程中亦有统一标准，比如工程规定：工程建筑分一般建筑和主体建筑两类。这两类建筑有各自不同的允许单层最大高度。同时也规定了一类建筑风格的固定样式。这些标准给施工人员确定了目标，明确了合格建筑和不合格建筑的界限，便于工程整体管理。

10.5 资源调配

在大型团队工程实施中要用有限的资源完成计划，就要对各项资源进行合理调配，并做好计划和管理。

（1）人力调配

工程的各个环节都需要专门的人去完成，因此要根据工程需要结合实际的人力状况进行合理安排。比如在建筑工程量的安排上，要考虑到一般施工人员平均在一周内能完成多少建筑。对施工人员的周工作量要求不能高于这个平均值。

找出合理的统一施工时间段：要找出大部分成员有时间进行施工的时间段，统一上线施工，这便于成员间交流，提高施工效率。要明确各个参与工程人员的能力，争取能发挥每个人的优势。比如建筑做得很好的人，就只负责做建筑，擅长美术的成员就只做美术后期，不负责建筑部分。

（2）工程管理

要想工程统一完成，就需要一个工程总负责人。这个负责人负责制定标准和工程计划，并且监督每个人完成。还要对可能产生的矛盾进行处理。

不要让不同的参与人员负责同一件事情，这样容易产生争执。比如让两个人负责完成同一个建筑，往往会合作不成，因为两个人对同一个建筑的认识经常是不同的。尽量将不同的工作交由不同的人来完成。

工程中经常会出现参与人员无法按时完成既定任务的状况，这需要根据即时的状况来进行补救，保证进度。比如某成员无法完成建筑 A，但所有其他成员已经完成了各自负责的部分，建筑 A 就可以交由其他成员共同完成。

以上是在工程实施阶段可能会出现的一些情况。

10.6 展示思路

在工程完成之后，就要对工程进行展示。其中视频展示是最为直观的展示手段，给观众的感受也最佳。

圆明园一期工程展示视频也经历了相当长的构思、论证、创作阶段。首先明确了展示思路：根据工程建筑功用进行大致的展示分类。一共分为三个部分，每一部分有各自不同的视频配乐风格。在视频结尾又要贴合圆明园的历史题材本身进行安排，因此有了大家现在看到的圆明园一期视频中的四个不同部分和四个不同曲目。

图 10-6 的渲染图，展示了圆明园的大水法和远瀛观景观。

图 10-6

大家也可以在已完成的圆明园一期视频中感受一下。

视频地址：http://www.bilibili.com/video/av4240651/

第11章 其他风格建筑

以上已经为大家介绍了几种在 Minecraft 中比较常见的以及受欢迎的建筑风格。但除此之外也有很多不同种类的建筑风格受到玩家的青睐。我们经常看到的就是像素画与模型雕塑、在工业化风格基础上加上幻想色彩的蒸汽朋克，还有僵尸危机与灾难题材中常见的末日风格，以及科幻题材中常见的未来风格。

11.1 像素画

像素画在 Minecraft 里有多常见呢？基本上只要是喜欢玩建筑的玩家一开始都会有那么一段时间痴迷于码出一个自己的像素作品。因为 Minecraft 里的世界本身就是由方块组成的，玩家们可以很容易使用游戏中不同颜色的方块，以此建造出经典的像素形象——马里奥、洛克人、口袋妖怪等（见图 11-1 和图 11-2）。

图 11-1

图 11-2

在研究像素画风格的玩家中，大体上分为两类玩家即还原向玩家和原创向玩家。

还原向的玩家倾向于在游戏里还原出一些经典的像素形象，到后期更是会徒手搭方块还原出完整的照片或者动漫图片。难点在于把握各种不同像素颜色在游戏里的替代材质。所以经常有玩家会使用像素化辅助工具来查找最符合相应颜色的材料（见图 11–3）。

图 11-3，作者：HK 黑客，来自 BiliBili.com

原创向的玩家喜欢不参考图片直接在游戏里根据自己的想象力创造出精美的像素图。一般有美术功底的玩家会比较擅长这一类创作。原创向玩家创造的像素画一般颜色都会比较干净鲜艳，因为他们在游戏里选择自己喜欢的颜色而不是根据资料选择（见图 11-4）。

图 11-4，作者：JUNS，来自 MCBBS

如果想要在短时间内做出完美的像素画的话，可以使用一个像素化辅助工具。不仅可以把你选择的图片转换为 Minecraft 风格的像素画，还可以把图片直接做成成品导入到你的存档里，详见第 13 章的教程内容（见图 11-5）。

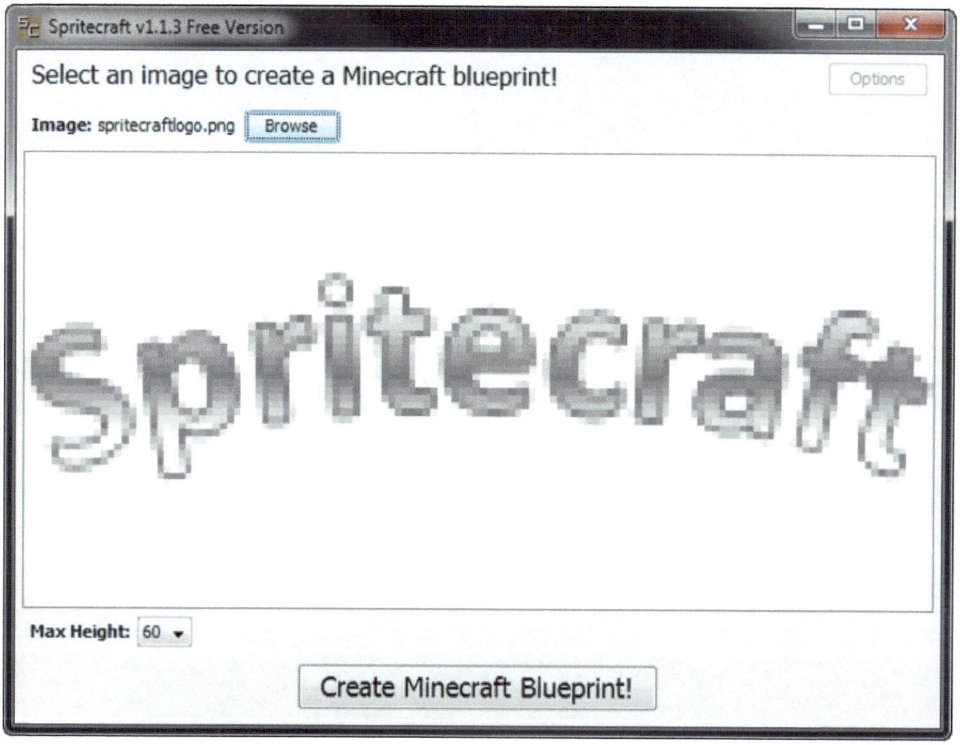

图 11-5

因为像素化工具的存在，很多人质疑进行像素创造的玩家的存在意义。手动建造是这样，用工具建造也是这样，为什么要花费大量时间做一个简简单单的事情呢？但像素画玩法的意义不仅在于坚持不懈的劳动，还在于精准定位对应像素点的位置，准确把握整个像素图的构图不使其画风崩坏。不管是原创向还是还原向的像素创作都能考验玩家的很多项能力。亲手做过一次大型像素画的玩家就能理解其中的困难以及乐趣。

11.2 模型雕塑

与像素画类似，很多人也喜欢在 Minecraft 里还原出现实中的一些大大小小的物品——小到水果（见图 11-6），大到宇宙飞船（见图 11-7）。建造大比例向建筑的玩家通常喜欢在自己的作品中添加一些雕塑模型。

图 11-6，作者：Lugia1012，来自贴吧

图 11-7，作者：VISR3，来自 PMC

（1）雕塑

雕塑主要以各种生物雕塑居多，也会有一些立体艺术风格的雕塑。雕塑的难点在于不规则的形状上。在方块世界还原出一些曲线及不规则形状需要有足够的空间想象力，以及刻画能力（见图 11-8）。做雕塑有雕刻法和轮廓法两种常见方式。

图 11-8，作者：Ymgarl，来自 Youtube

- 雕刻法（见图 11-9）。

参考现实中的木雕、石雕类的方式，先把大致形状用 WE 指令或刷子造出来，再手动一点一点把细节刻画出来。

图 11-9

- 轮廓法（见图 11-10）。

与雕刻法相反，轮廓法是先把模型的大体轮廓用方块勾勒出来，再根据几个基本线添加更多线，最后变成面。

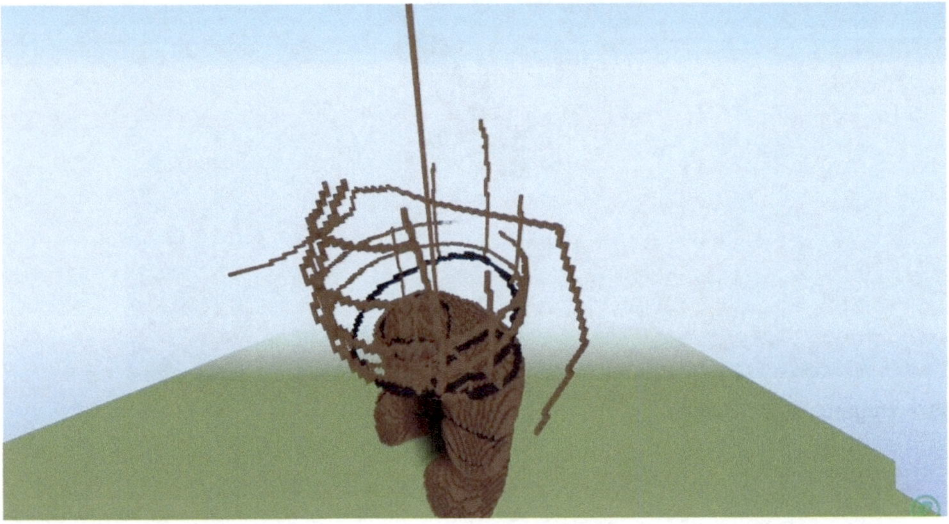

图 11-10

（2）模型

此处的模型多指各类载具模型，以及各种复杂机械或建筑结构模型。与雕塑不同，模型虽然也会有一些曲面和复杂的形状，但一般都是有规则的几何形状，在 MC 中可以根据方格定位具体的点和线。所以在玩家当中也更加受欢迎。如果说雕塑注重的是把 3D 模型更自然地还原在 Minecraft 的方块世界，那么模型则更注重除了形状本身以外的细节。通过使用游戏里的各种物品方块还原出更真实更精致的细节。

常见的 Minecraft 模型作品有舰船、航母、游轮、飞机、飞船等（见图 11-11）。其中各类舰船的比重比较高，鉴于现实中很多男生对船只航母等题材很感兴趣，所以这一分支的优秀作品也特别多。也有很多科幻迷喜欢还原出小说漫画电影中的各种飞船。

图 11-11，作者：Spee，来自 PMC

图 11-12，作者：lynchyinc，来自 PMC

对于想在短时间内创造出一个精致模型的玩家，有一款工具可以把一个 3D 模型转换成为 Minecraft 风格的模型，导出并导入到 Minecraft 里，详见第 13 章的教程。

虽说工具可以节省很多时间做出 3D 模型，但与玩家亲手一格一格建造出来的模型比，还是会有很多生硬的地方，要做出更精致、优秀的模型作品还是需要时间与精力的考验。

11.3 蒸汽朋克

蒸汽朋克风格的建筑实际上在现实中是不存在的，至少它无法代表任何一个时代的建筑。因为蒸汽朋克本身就是在由蒸汽机作为动力的大型机器上展开想象力并添加新科技等元素虚构出来的风格。蒸汽朋克的特点在于整体展现风格固定在19世纪西方世界，添加了很多现代甚至是未来的科技元素使它更加丰富与奇妙。

在Minecraft中也有不少玩家喜欢在游戏中还原或者创造出各种蒸汽朋克风格的建筑，比如国外的大神级玩家Carloooo就建造出过几个极致蒸汽朋克的建筑作品（见图11-13、图11-14、图11-15）。目前尤其是在国内，专注蒸汽朋克建筑的玩家其实并不多，所以提升空间还是很大的。

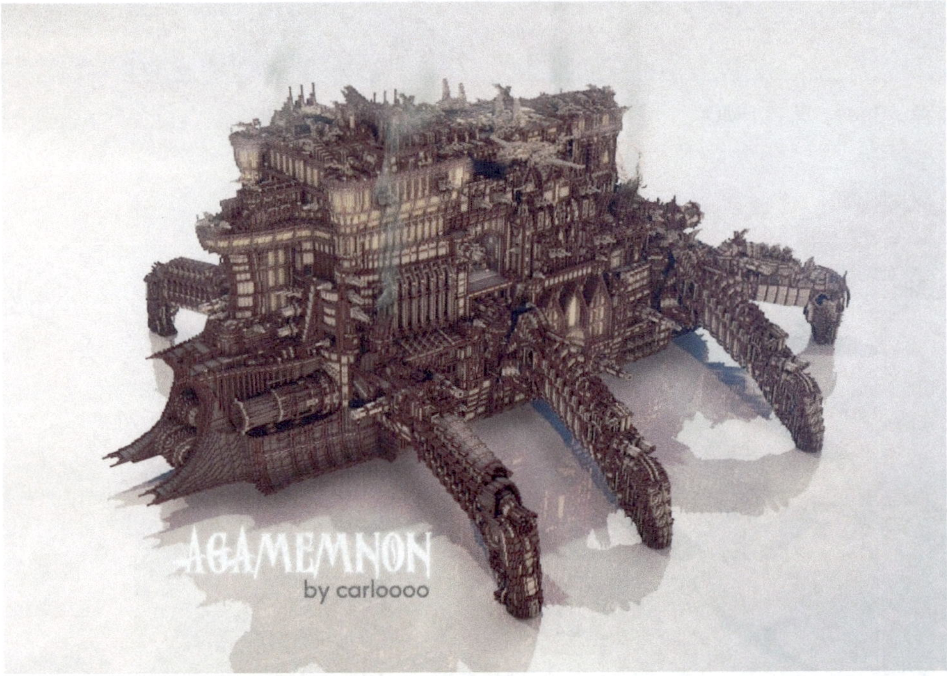

图 11-13

图 11-14

图 11-15

蒸汽朋克的主要元素有：齿轮、金属管、仪表、铜皮、铁皮、皮革等。

特征上主要有：不会遮掩各种机械部件，组件之间的连接不会太紧密，配色上以铜或铁的颜色为主，经常会看起来像生锈了一样。构建比例大胆，不受拘束。

如果单以建筑来展示蒸汽风格会比较有难度，建议适当把机械与建筑结合。比如，构建一个工厂小镇，整个小镇可以作为工厂运作或者一个大型可居住型机器人。

11.4 末日风

末日风格比起其他风格会比较好理解，其实它是要在其他风格的基础上做一些改变来形成的。根据需求可以做现代末日风、中世纪末日风，以及中式末日风格等。说简单了就是把现有的建筑破坏、老化、腐蚀，使其变成被废弃的、不适宜人类居住的风格就行。

虽然看起来好像只是适当破坏一下建筑就可以做出来，但实际上让它显得自然需要很多元素。

（1）破败损坏

首先建筑的破坏要做得自然，根据自己的末日设定（陨石、僵尸、洪水、地震、辐射等）做出适合的破坏操作，比如僵尸危机不需要给建筑做出大面积的破坏，地震则需要大面积的建筑倒塌与破损（见图 11-16）。

图 11-16

（2）残骸

建筑被破坏不仅仅是用 TNT 炸一下或打掉一堆方块而已。地震或陨石等有大面积破坏性灾难时会让建筑倒塌或者坍塌，地上可能会留下一些建筑的不完整残骸（见图 11-17）。

图 11-17

（3）岁月痕迹

如果是一个废弃已久的城市，那么就需要用一些手段来展现岁月的痕迹，比如厚厚的火山灰（火山爆发）、长满绿苔与各种植物（废弃时间以百年计算）、用更老旧的材质替换建筑材料等（见图 11-18）。

图 11-18

11.5 未来风

未来风格的建筑也是现实中不存在的风格之一，主要出现在各种科幻题材的文学作品中。未来风格与其他风格不同，它不存在任何的限制要素，因为未来——尤其是遥远的未来——是完全未知的，风格完全可以由作者自己决定。

在 Minecraft 中未来风格也并不是常见的风格，就算很多人有兴趣，也只有部分精英玩家能够真正建造出称得上未来风格的建筑。要展现未来风格有以下几种比较常见的方式。

（1）后现代

在后现代风格的基础上设计更加大胆一些。其实有些奇形怪状、几何交错的后现代建筑已经有些未来风格的感觉了，把那些更加大胆的设计聚集到一起，便可以模拟出近似未来的建筑风格了（见图 11-19）。

图 11-19，作者：Zeemo，来自 PMC

（2）曲线与曲面

曲线与曲面在实用性建筑上向来是很少涉及的领域，如果能好好在游戏中展现曲线与曲面的话，由这些建筑聚集而成的群落便可以展示出未来的风格（见图 11-20）。

图 11-20，作者：BlockWork，来自 PMC

（3）反重力

在未来人类的建筑有可能可以脱离重力的控制，可以肆无忌惮地在空中施展建造技艺。我们可以在 Minecraft 中提前为未来的建筑师们设计一些反重力的建筑（见图 11-21）。

图 11-21，作者：Necrosys，来自 PMC

（4）生态球

如果地球的未来是被人类污染的糟糕状态，那人类为了生存便会人工建造出适宜生存的小型生态圈。它可以是以家庭或者建筑为单位的小型生态球（见图 11-22），也可以是能盖住整个城市的透明半球（见图 11-23）。

图 11-22，作者 BlockWork，来自 PMC

图 11-23，作者：Lakarya，来自 PMC

除了本文中介绍的各种风格以外，Minecraft 里还有很多其他的风格和题材等待着玩家们的挖掘与发扬光大。毕竟这是一个创造的游戏，而不是临摹的游戏，创造出来的事物有的可以以现有的标准与知识定义与归类，但有的却是前所未有的。

第12章 造景环境的制作

一个好的建筑场景作品不仅需要好的建筑物，还需要与之相匹配的环境。环境在作品里非常重要，甚至在一些情况下环境的重要性要比建筑物还高。环境主要包括地形、装饰品、植被。本章我们就来一起学习环境的制作方法。

对环境的制作是一定要应用 Minecraft 建筑的专业工具——World Edit 插件（又称创世神或 WE）的笔刷功能。如果大家不会安装，可以网上搜索“MC WE 整合包”找到答案。通过把不同的功能绑定在 Minecraft 里的非方块的物品（如剑、斧头、镐、锄等工具或者颜料、唱片、线、羽毛等）之上，手持该物品瞄准作用区域单击鼠标右键来实现各种各样的方块操作。可以以极高的效率处理大量方块，非常适合制作地形，接下来我们就开始具体方案的教学吧。

首先我们需要理解指令里每条变量的内容，笔刷的指令是 “/brush 类型 方块 ID 大小”，一共四个部分，我们可以拆开一条一条看。

第一部分 “/brush” 这个单词就是笔刷的意思，不需要更多的解释，这部分也可以简化为 “/br”。

第二部分 “类型” 是指笔刷的种类，我们制作地形基本只用三种类型，所以本文集中介绍这三种用法，分别为 “sphere” 球形笔刷、“cylinder”（简化为 “cyl”）圆柱形笔刷、“smooth” 平滑笔刷。

第三部分 “物品 ID” 是指笔刷刷出的方块内容。物品可以有多种，比如，如果要同时带有草方块、泥土、石头那就是 “1，2，3”，在多个 ID 之间输入逗号分隔。

第四部分 “大小” 是指笔刷刷出内容的大小。不同笔刷对大小的限制方式也不同，球形笔刷只有一个半径值，圆柱形需要两个半径和高度，平滑笔刷则是使用范围正方形的边长。

掌握笔刷指令之后，我们需要理解另一条指令——遮罩指令“/mask 方块 ID”。这条指令可以把笔刷作用范围内的任意方块换成你想要的方块。比如，“/mask 1”这样的笔刷刷出的方块就只能替换石头了。

了解了“/brush”和“/mask”这两个基本指令之后，我们来看一下在环境制作中如何使用它们。

12.1 道路的制作

在制作建筑场景项目的时候，我们经常会遇到一个问题，那就是在不规则的地形上制作路面。这不难却很烦琐，很浪费时间。这时候我们就可以用 WE 的球形笔刷功能解决这个问题。

假设我们需要在草方块表面的地形上做一条由砖块构成的三格宽的道路，则可以按照以下步骤操作。

首先拿起任意一个非方块物品，保持手持该物品的同时输入指令“/br sphere 45 1”，继续保持手持该物品输入“/mask 2”（2 是草方块的 ID）。如图 12-1 所示为手持木棍输入了以上内容，然后对着地面的草方块按住鼠标右键拖动鼠标，这样就可以按照图中准星的位置形成一条砖块的道路了。你可以按自己的想法做成任何形状，笔直的大马路或者弯弯曲曲的羊肠小道都可以。

图 12-1

接下来我们试试用多种方块混合构造道路的方法。还是手持木棍输入“/br sphere 98,4,13 2”（半径为 2/ 内容为石砖、石头、砂砾）。特别注意的是这次不需要再次输入 /mask 遮罩指令，因为木棍上已经绑定了遮罩，遮罩指令只要不解除就会一直有效（解除笔刷遮罩的指令为“/mask”）。这次刷出来的效果如图 12-2 所示，这种方式很适合做野外的小路，与很多材质包搭配都有不错的效果。还可以根据周围环境加入苔石砖和裂石砖甚至砖石和圆石的台阶楼梯，以表现自然风化损坏的效果，非常自然。

图 12-2

12.2 大树的制作

大树的制作涉及以下三个笔刷。

球形树干笔刷	/br sphere 原木 ID 半径	/mask 0（遮罩为 0）
圆柱形树叶笔刷	/br cyl 树叶 ID 半径 高度	/mask 0（遮罩为 0）
球形树叶笔刷	/br sphere 树叶 ID	/mask 0（遮罩为 0）

树叶分为会消失和不会消失两种，笔刷我们用不会消失的树叶，ID 分别为：

橡木——18:4，云杉——18:5，白桦——18:6，丛林——18:7，金合欢——161:4，深色橡木——161:5。

木头方块分为有断面的和没有断面的，笔刷用没有断面的，ID 分别为：

橡木——17:12，云杉——17:13，白桦——17:14，丛林——17:15，金合欢——162:12，深色橡木——162:13。

我们实际操作一次。首先我们用石锄绑定笔刷“/br sphere 17:13 1”、“/mask 0”。然后我们用这个球形树干笔刷从地面往上刷出一个树干，然后从树干的不同高度分别刷出几个树枝，注意树干和树枝都不能太直。在树根的位置朝着任意方向随机刷出一些方块，然后选择性拆掉一些做出露出地面的树根。

图 12-3

如图 12-4 所示我们在每个树杈尖端放置一些原木做树枝，注意朝上的树枝高度不要相同，所有树枝都不能是直的。用替换笔刷实现没有断面的原木，图 12-4 中采用了钻石代替原木，是为了让大家观察得更清楚。

图 12-4

这样操作后，树的效果就已经开始出来了。

图 12-5

我们设置第二个笔刷——圆柱形树叶笔刷，拿出铁锄输入“ / br cyl 18:4 3 2”、“/mask 0”，在每个树枝的末端刷出一个圆柱形的树叶。

图 12-6

最后一步设置球形树叶笔刷，拿出金锄设置笔刷“/br sphere 18:4 1”、“/mask 0”，用这个笔刷在圆柱形树叶的各个方向随机刷出树叶，这样整棵树看起来就会非常自然。

图 12-7

至此一棵大树就完成了。因为树的制作不可控性很高，所以每次做出来的效果都有很大的区别，只要多加练习，有经验以后就能越做越好。当然树叶和树干的内容也是可以任意改变的，比如我们要一棵樱花树，就可以把两个树叶笔刷的方块 ID 部分设置为 95:2,95:6,160:2,160:6，这样就能实现图 12-8 的效果。

图 12-8

12.3 河流的制作

对于河流我们需要利用空气笔刷用以开辟河道，首先拿出羽毛绑定笔刷“/br sphere 0 2”，这个笔刷刷出的空气不用设置遮罩直接用就可以。如图 12-9 所示我们制作了一条蜿蜒的小河。

图 12-9

拿出木棍输入“/br smooth 4”设置平滑笔刷用以平整河道，沿着河道边缘一直刷下去如图 12-10 上的效果。

图 12-10

最后一步是颜色替换笔刷，拿出烈焰棒输入“/br sphere 12,13,3 2”、“/mask 2,3”，这次遮罩有两个值可以同时替换泥土和草方块。顺着河床刷过去。这样就有了小河的效果，最后填上水就行了，需要更大的河就用更大的笔刷就好了。

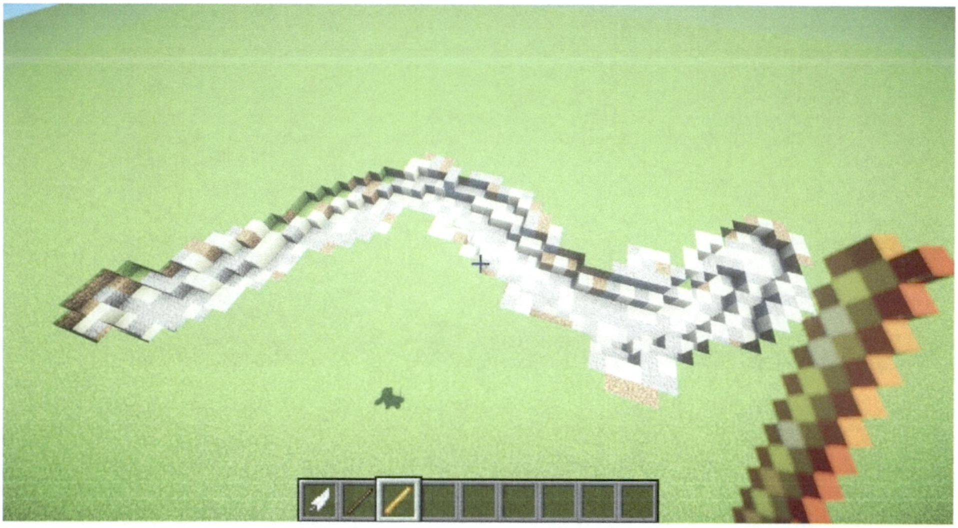

图 12-11

12.4 山丘的制作

山丘在各种建筑场景里也是很常见的东西，能让平坦的建筑产生更多的高低差，提升整体的立体感，也能增加更多的透视关系。山丘会涉及重力方块笔刷的应用。重力笔刷就是用有重力效果的方块设置笔刷。例如沙子、红沙、砂砾这三种方块，只要下面没有支撑，方块就会一直向下掉落。我们可以利用这种极快的特性刷出大片自然的地形。

首先拿出石锄设置笔刷“/br sphere 12 2”、“/mask 0”（即半径为 2 的球形沙子笔刷，遮罩为空气）。确定一座山峰的位置，往上多次用笔刷使用鼠标右键单击刷出大量的沙子，因为沙子会滑落，所以会形成一个锥状结构（见图 12-12）。

图 12-12

接下来围绕一开始的锥状体的中段，反复用笔刷刷出沙子堆叠出山的宽度，可以在变宽的山体上再刷出一些稍矮的山峰（见图 12-13）。

图 12-13

在山脚下的地面上刷出一些沙子让山体更加平滑，山峰上放置一些沙子让山体更加尖锐（见图 12-14）。

图 12-14

接着用替换笔刷把沙子换成石头，拿出石剑设置笔刷“/br sphere 1 5”、“/mask 12”（即直径为 5 的石头球形笔刷，遮罩为沙子），对着沙子山反复点击把表面所有的沙子都换成石头（见图 12-15）。

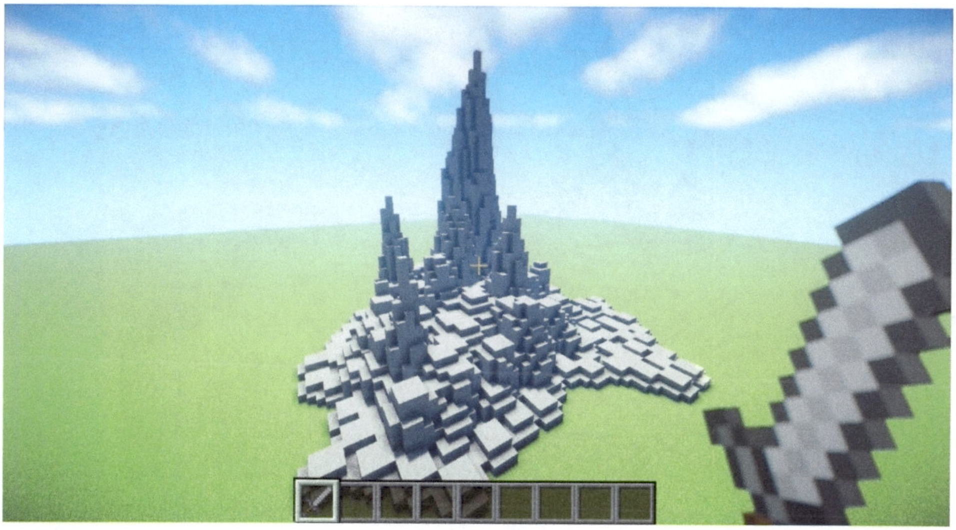

图 12-15

用替换笔刷刷上草方块，用铁镐设置笔刷“/br sphere 1,2 1”、“/mask 1”（即半径为 1 的石头草方块混合球形笔刷，遮罩为石头），对着山体表面顶部的方块随意刷一些（见图 12-16）。

图 12-16

最后一步用平滑笔刷让山脚更加自然，拿出铁斧头设置笔刷“/br smooth 4”，即大小为 4 的平滑笔刷，不用设置遮罩（见图 12-17）。

图 12-17

这样一个小山丘就制作完毕了。要制作更大的山体用更大的笔刷就行了。山体的配色也可以自由地更改，如图 12-18 中这种沙漠中的山谷也是不错的选择。

图 12-18

12.5 断崖的制作

断崖在建筑项目里也是常见的存在，可以在山体上给建筑物留出更多的空间，这是非常实用的技巧。

首先拿出铁镐设置笔刷“/br cyl 13 3 2”、“/mask 0”（即半径为 3、高度为 2 的砂砾圆柱形笔刷，遮罩设置为 0）。然后在需要断崖的部分刷出一些墙面形状的砂砾（见图 12-19）。

图 12-19

之后沿着图 12-19 刷的墙的边缘加宽加高断崖（见图 12-20）。

图 12-20

最后按照之前刷山丘用的替换笔刷的方法把砂砾换成岩体（见图 12-21）。

图 12-21

是不是感觉也不算太难？大家可以不断练习积累经验，这样就能做出各种各样壮丽的自然风光了。

针对本章学习，我们总结出以下要点，①笔刷指令每个变量的意义；②球形、圆柱形、平滑笔刷的使用方法；③替换笔刷的使用技巧。本章的内容主要起到启发的作用，具体制作建筑场景项目的时候，要更加灵活地应用。

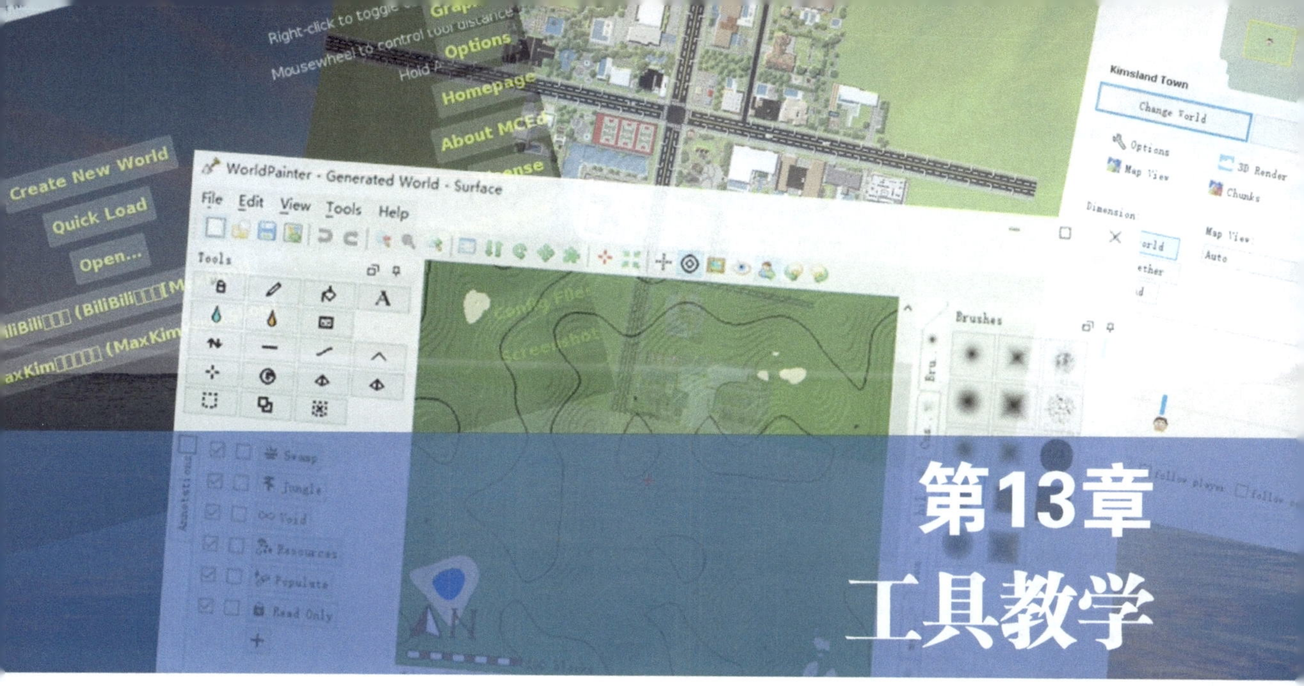

第13章 工具教学

优秀的 Minecraft 建筑师都是投入了大量的时间与精力才能创造出一个个出色的建筑作品，合理地使用辅助工具可以使建筑过程事半功倍，减少重复劳动的时间，增加实践创造的时间。下面为大家简单介绍几款与 Minecraft 建筑相关的辅助工具。

13.1 World Edit（创世神插件）

World Edit（简称 WE）是一个能让玩家在游戏里使用小工具与指令实现短时间内快速搭建规则形状方块的插件 / 模组。最开始 WE 只作为一种服务器的插件，使服务器管理员可以快速进行建筑相关的操作。之后随着 WE 的普及，更是出现了单机模组版的 WE，能让单机玩家可以在自己的存档里进行操作。

【下载】

【安装】

WE 的安装方式随着 Minecraft 版本的更新，变得越来越简单，到目前（MC 最新版为 1.11）只需要在客户端上安装 Forge 以后，直接把下载好的 WE 文件放到生成的 Mods 文件夹里即可。

WE 的基本原理就是用小木斧（默认工具）的左键点击一个点，右键点击另外一个点来选取一个长方体范围（两点连接的直线为长方体的对角线）后，输入具体的指令来改变、移动、叠加、旋转、复制 / 粘贴范围内的方块。

【入门教程】[1]

【刷子教程】[2]

【CUI 教程】[3]

World Edit CUI 是 WE 的辅助模组，安装方式与 WE 相同，安装后会用线条显示所选取的范围，方便玩家操作。

1,2,3 World Edit入门教程、刷子教程、CUI教程来自Maxkim

13.2 MC Edit（多功能建筑辅助工具）

【下载】

【教程】[1]

1 MC Edit教程来自玩家FlashTT（ITP现代材质创始人）

13.3 World Painter（地形制作工具）

【下载】

【教程】[1]

13.4 Chunky（地图渲染工具）

【下载】

1 World Painter教程来自玩家冰抹蓝（ITP现代材质共同制作人）

【教程】[1]

13.5 SpriteCraft（像素画导入工具）

SpriteCraft 可以把一张图片转换成由 MC 方块组成的像素图，并且可以将其导出为 schematic 文件，用 MCedit 导入到游戏存档里面。

【下载】

【教程】[2]

1 Chunky教程来自Maxkim
2 SpriteCraft教程来自Maxkim

13.6 Binvox（3D模型转换工具）

Binvox 可以把一些 3D 模型文件（支持 vrml、obj、off、dxf、ply、stl 后缀的格式）转换为 schematic 格式的文件（可以通过 MCedit 导入到 MC 里）。

Voxview 可以把一些 3D 模型（支持格式同上）通过 Binvox 转化为像素模型后，提前进行预览。

【下载】

【安装】

无需另行安装，将压缩包里的文件解压到同一个文件夹里即可（建议目录不要太长、文件名不要太复杂）。将需要转换的 3D 模型文件放进与 Binvox 同样的文件夹里。需要的模型文件可以是自己制作的，也可以是网上下载的素材。Binvox 与 Voxview 并不是直接双击其文件打开工具，而是需要通过 cmd 进行操作。

单击【开始】-【运行】-【输入 cmd 后回车】会出现命令窗口，首先要锁定到你的 binvox 目录，假设目录在 D:\Minecraft\Binvox\ 这个位置：①输入“d:”回车。②输入“cd Minecraft\Binvox”回车。

【预览】

在这里假设你的 3D 模型文件叫“001.obj”，在命令窗口输入“binvox -d 128 -c 001.obj”便可以生成一个已经转化为像素模型的 binvox 格式文件（其中 128 为分辨率，MC 高度限制为 256）。

之后再在命令窗口输入“viewvox 001.binvox”就可以进入预览模式。同时会生成引导窗口，可以根据窗口进行操作。

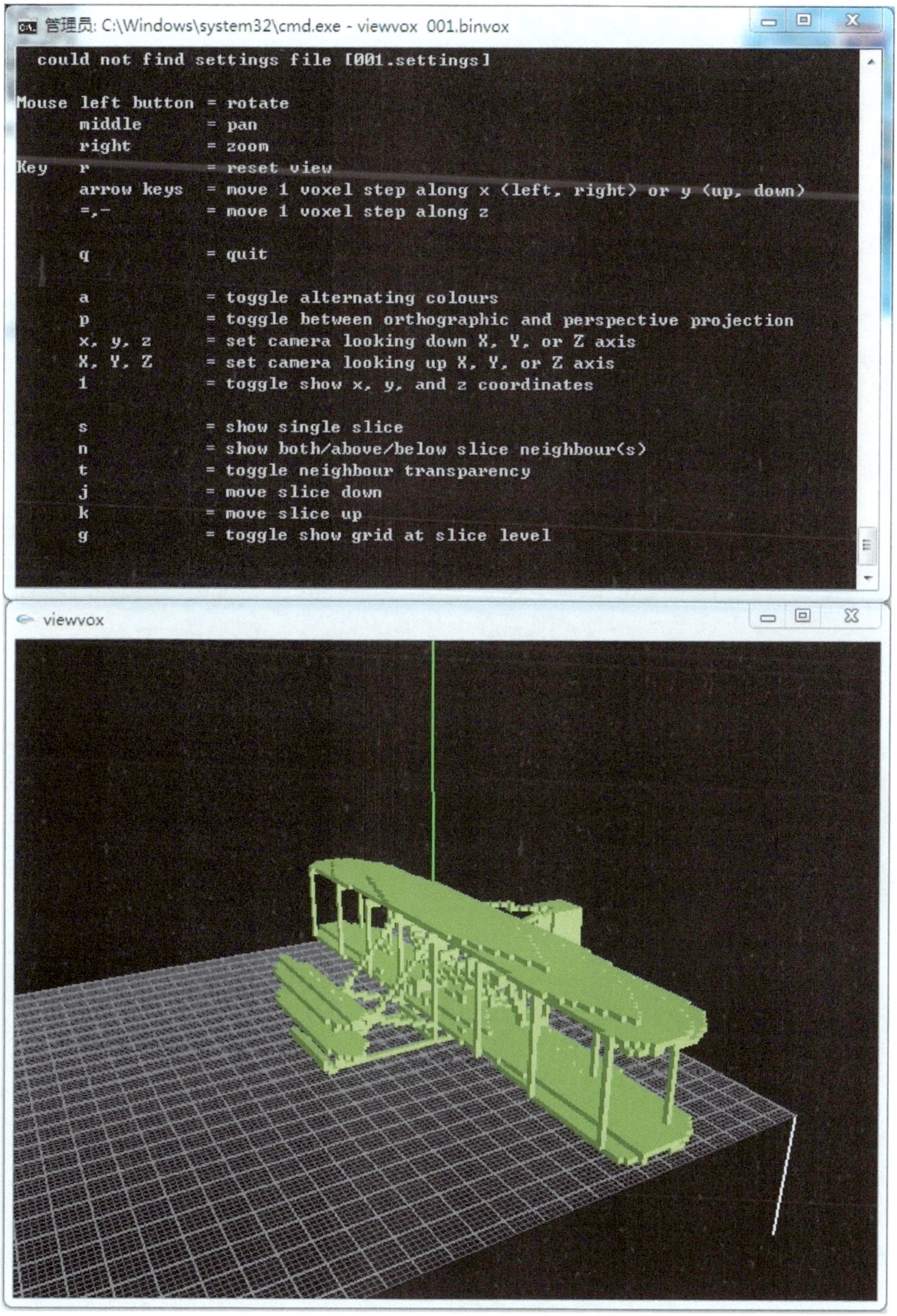
管理员: C:\Windows\system32\cmd.exe - viewvox 001.binvox
could not find settings file [001.settings]
Mouse left button = rotate
middle = pan
right = zoom
Key r = reset view
arrow keys = move 1 voxel step along x (left, right) or y (up, down)
=,- = move 1 voxel step along z
q = quit
a = toggle alternating colours
p = toggle between orthographic and perspective projection
x, y, z = set camera looking down X, Y, or Z axis
X, Y, Z = set camera looking up X, Y, or Z axis
1 = toggle show x, y, and z coordinates
s = show single slice
n = show both/above/below slice neighbour(s)
t = toggle neighbour transparency
j = move slice down
k = move slice up
g = toggle show grid at slice level
viewvox

图 13-1

【转换】

同样假设模型文件叫“001.obj”，在命令窗口输入“binvox 001.obj -d 128 -t schematic”（其中 128 为分辨率，MC 高度限制为 256），便可以在同目录中生成 001.schematic 文件，可直接用 MCedit 导入到游戏存档中。

希望以上几款辅助工具的教程能为你带来更多的创作优势。虽然说有些工具在玩家之中会有一些争议，有些玩家则认为使用辅助工具建造等同于作弊，破坏游戏乐趣，但对以建造出色作品为目的的建筑师来说过程中使用各种方式都是正确的，如果你是享受一格一格摆放的过程，便可以忽略这些工具。每个人都有自己的玩法与风格，Minecraft 就是这样一款游戏，1000 个人可以有 1000 种玩法 1000 种世界。

第14章 建筑作品团队及个人

看了这么多教学，接下来我们看看国内外的出色建筑师与建筑团队在游戏中比较出名的作品。

14.1 建筑作品之团队篇

- 作品：圆明园

这个作品是由史诗工坊团队的成员们经过对诸多与圆明园相关的书籍与史料的学习以及实地考察之后花费一年多时间规划与建造出来的。作品涵盖圆明园最著名景区的25%，并且会持续规划与建造。通过在游戏中还原出现实中难以还原的建筑，展现出了Minecraft摆脱游戏框架的可能性。

- 作者：史诗工坊（Epicwork）团队

史诗工坊团队是国内历史最为悠久的Minecraft建筑团队，从服务器“手艺服”开始的团队建筑之路一直持续到现在。仍然是国内最顶尖的建筑团队之一。擅长中式古风建筑，作品倾向于还原现实中的优秀古风建筑。代表作有《丽江古镇》、《千年帝都·洛阳》、《桃花源》、《圆明园》等。

【视频】

http://www.bilibili.com/video/av4240651/

更多内容以及创作团队相关介绍请至视频观看

图 14-1

图 14-2

- 作品：忒伊亚

作品为豹先生带领 NLT 团队成员策划并指挥制作的地图，是 NLT 团队花费时间最久、制作最精良的作品。以中世纪魔幻为题材，增加了一些蒸汽朋克与哥特的风格，打造出了属于 NLT 的独特建筑风格。作品的故事性丰富，看着各种建筑与场景，脑中就会自然浮现出各种情结与故事。

- 作者：无名标签（Nameless Tag）团队

由豹先生创立的 NLT 团队一开始就专注于研究幻想风格与中世纪风格，豹先生本人也是做过很多以中世纪风格为主的建筑教学。团队从一开始的纯幻想与中世纪风格到后来也做过中式风格，但更多的是把中式风格与幻想风格融合在一起，打造出了属于自己的风格。代表作有《神殿——天堂之泪》、《艾蕾芙》、《蜃景城》、《忒伊亚》等。

【视频】

http://www.bilibili.com/video/av5946967/

更多内容以及创作团队介绍请至视频观看

图 14-3

图 14-4

- 作品：边境之港

边境之港是融合了中式风格与蒸汽朋克的一个挑战新领域的作品。不仅风格上很有特色，内容与故事性上也是很完整的一个作品。作品里有机械码头、火车中转站、水坝、长城、贫民区等，每个地区都有明显的风格特色，让一个作品展示出多彩多样的效果。

- 作者：林氏创意（Linscraft）团队

林氏创意是由 lin 创立的服务器 Linscraft 发展而成。采用了自由发起工程的模式，不限制成员们的想象力，可使成员们自由选择自己擅长且感兴趣的项目参加。团队起初主要研究东亚风格与现代风格，后期随着发展逐渐往创意方向钻研，除了大型建筑项目之外经常会做一些非建筑的艺术向小项目，比如《糖果树》、《食艺大典》。团队的代表作有《汤屋——温泉之乡》、《亚龙湾红树林大酒店》、《边境之港》等。

【视频】

http://www.bilibili.com/video/av3714683/

更多内容以及创作团队介绍请至视频观看

图 14-5

图 14-6

- 作品：紫禁城

国建 CW 的紫禁城是 Minecraft 建筑对中式建筑的一种极致刻画，从严谨的规划与比例到逼真的构造与细节无不让各界人士叹为观止。作为中国古风的代表性建筑，紫禁城曾被多人还原，更是不缺外国玩家开启大型项目建造。但是有国建 CW 策划并建造的版本是毫无争议的最优秀的作品。作品还在持续完善中，让我们拭目以待！

- 作者：国建 CW（国家建筑师 &Cthuwork）

国建 CW 由以前的国家建筑师团队与 CthuWork 团队结合而成，已经完全融合为一个完整的团队了。由建筑底蕴颇深的国家建筑师团队与各领域优秀人才组成的 CthuWork 结合，使得团队不仅在建筑制作上更加专业，而且让作品在策划、展示、推广上也得到了更大的优势。团队代表作有《埃及古城》、《兰伶坊》、《墨家神机》、《紫禁城》等。

【视频】

http://www.bilibili.com/video/av3803103/

更多内容以及创作团队介绍请至视频观看

图 14-7

图 14-8

- 作者：MirageWork 团队

与其他团队不同，MirageWork 专注于研究各种模型，包括载具、机器人等。由几位贴吧的模型制作向玩家开始组成，后来又吸引了不少在此领域擅长的玩家。其制作的模型精致严谨，曾为《我的三体》Minecraft 剧提供了建筑模型支持。

图 14-9

图 14-10

14.2 建筑作品之个人篇

- 作品：纽约时代广场

纽约时代广场的 MC 在还原上难度不在于建筑本身，而是其五彩缤纷的各种大屏幕与广告牌。作者的建筑手法已经足够成熟，使用了大量的光源、彩色玻璃，以及利用光影与渲染工具还原出了时代广场繁华的灯光效果。

- 作者：VotMaf

国内优秀现代建筑团队 GN Work 团长，擅长现代风格建筑，在高楼与城市规划上有很高的造诣。作品帖：https://tieba.baidu.com/p/4456420911

图 14-11

图 14-12

- 作品：路姬娅号

作者仅凭想象力以及参考一些飞船与船只的特性，就创造出了一艘独一无二的可居住型的大型飞船。建筑手法上利用 MCedit 达到了很成熟的境界，甚至可以说在 Minecraft 游戏本体花费的时间远少于使用 MCedit 的时间。

- 作者：Lugia1012

Minecraft 贴吧资深吧友，早期创造出了多个充满想象力的作品。作品帖：https://tieba.baidu.com/p/2660496249

图 14-13

图 14-14

■ 作品：私人半岛大豪宅

从规划到细节根据脑中对万能豪宅的理解制作出的一个现代风格的大型豪宅。内部设置从卧室到电影院、酒窖，以及保龄球馆与赌场应有尽有。巧妙利用 ITP 现代材质包实现了最大限度的内部装饰的现实化。可作为现代内饰的模范作品参考。

■ 作者：MaxKim

Minecraft视频实况主播，擅长Minecraft现代风格的建筑，做过很多现代建筑教学视频。发布帖：https://tieba.baidu.com/p/3694142942

图 14-15

图 14-16

- 作品：三生桥

作为作者第一次挑战中式风格的作品，此作品不仅出色地还原出了中国古风，更是包含了作者无尽的想象力。一个典型的把脑中的世界通过 Minecraft 展现到外界的作品。

- 作者：冰抹蓝

ITP 现代材质包共同制作人，资深 Minecraft 玩家，精通各种 Minecraft 软件工具。发布帖：http://www.mcbbs.net/forum.php?mod=viewthread&tid=512856

图 14-17

图 14-18

- 作品：黑棋帝国——鲨鳍城

用紧凑的建筑布局展示了整齐的规划，在中世纪风格的屋顶上加以修改，让城池变成名副其实的鲨鳍城。作品的细节很精致，建筑之间的联动也做得很好。

- 作者：墨狐

擅长中世纪、中式风格，是墨家机关城的创作人之一。发布帖：http://www.mcbbs.net/forum.php?mod=viewthread&tid=545392

图 14-19

图 14-20

- 作品：格林娄都

非常典型的中世纪风格城池，加上了一些幻想与童话风格。整体色调鲜艳，去除了中世纪阴暗的色调。地形与建筑的融合也很自然，是一个完成度比较高的作品。

- 作者：caVaneL

caVaneL 又名 Cato 小人，比较擅长中式建筑。发布帖：http://www.mcbbs.net/forum.php?mod=viewthread&tid=675156

图 14-21

图 14-22

14.3 国外优秀建筑团队及个人

作　者	作　品	发布帖
WOK 服务器团队	*World of Keralis*	http://www.planetminecraft.com/project/world-of-keralis/
WesterosCraft 服务器团队	*King' s Landing*	http://www.planetminecraft.com/project/showcase---kings-landing-an-epic-city-1843386/
Necrosys	*Lil Boat*	http://www.planetminecraft.com/project/lil-boat/
Blip Noir	*City of Newisle*	http://www.planetminecraft.com/project/city-of-newisle-v-07032015-solo-modern-build/
Block Works 团队	*Deep Sea*	http://www.planetminecraft.com/project/deep-sea/
goCreative 团队	*The Bee Hive*	http://www.planetminecraft.com/project/the-beehive/
WorldOfMysidia 团队	*Niteal – The Lost Kingdom McBcon*	http://www.planetminecraft.com/project/niteal---the-lost-kingdom-mcbcon/
cjrainbolt2	*Cadenos: Dragon city*	http://www.planetminecraft.com/project/cadenos-dragon-city/
Udvio	*Akumu – The Dream Consumer*	http://www.planetminecraft.com/project/akumu---the-dream-consumer/
AriaCreations	*Luccid Utopia – City of the Future*	http://www.planetminecraft.com/project/luccid-utopia---city-of-the-future/
LNeoX	*The Galaxy Crafter*	http://www.planetminecraft.com/project/the-galaxy-crafter/